Astrid Krüger

Geschichten der Angst

Erklärungen zur Umschlagzeichnung:

Aus Angst zeigt dieser Mensch nur gerade soviel von sich, daß er die anderen beobachten kann.

Das schwarze stellt den Angst-Rahmen dar. Die Gitter sind deshalb unregelmäßig, weil die Dichte die jeweilige Tagesverfassung symbolisiert.

Die einzige Regelmäßigkeit im Gitter besteht darin, daß es dichter wird, je enger und näher man an das Zentrum (Person/Auge) herankommt.

Uschi Broichhagen, 2001

Astrid Krüger

Geschichten der Angst

Die Erfahrungen von zehn Männern und Frauen mit
Angstzuständen, Panikattacken und Phobien

Ein Interview mit Dr. Doris Wolf zum Thema:
Wie kann man Angstzustände überwinden ?

Die Namen der meisten Personen in
diesem Buch wurden auf Wunsch
der Betreffenden geändert.

© 2001 Astrid Krüger
Alle Rechte liegen bei der Autorin
Umschlaggestaltung: Bernd Tillenburg
Umschlagzeichnung: Uschi Broichhagen
Zeichnungen im Buch: Uschi Broichhagen
Herstellung: Books on Demand GmbH
Printed in Germany
ISBN 3-8311-1548-6

Inhalt

Vorwort

Millionen Menschen leiden allein in Deutschland unter Panikattacken, Angstzuständen und Phobien. Trotz dieser großen Anzahl an Betroffenen dauert es durchschnittlich sieben Jahre, bis die Krankheit erkannt wird und damit auch behandelt werden kann. Davor liegt oftmals eine Odyssee mit Besuchen bei Ärzten der unterschiedlichsten Disziplinen und den verschiedensten Diagnosen.

Der erste Anfall trifft die Betroffenen zumeist plötzlich und unerwartet. In diesem Buch erzähle ich die Geschichten von Menschen, die ihre erste Panikattacke alleine zu Hause, beim Fenster putzen, in der Schule, auf einer Autofahrt oder während eines Gottesdienstes erlebten.

Das, was die Betroffenen in diesem Augenblick spüren, ähnelt sich sehr: Herzrasen, Schwindelanfälle, Schweißausbrüche, Atemnot, den Drang, die Toilette besuchen oder das Gefühl, der Situation entfliehen zu müssen.

Wird die Erkrankung nicht rechtzeitig diagnostiziert und behandelt, kann sie chronisch werden und zum Vermeidungsverhalten führen. Der Betreffende zieht sich immer mehr zurück, um diesen merkwürdigen Zustand, den er sich selbst nicht genau erklären kann, nie wieder zu erleben und schränkt seinen Handlungsspielraum immer weiter ein.

Das kann zu einem vollständigen Rückzug aus dem Alltagsleben führen und im Verlust des Arbeitsplatzes, in Drogen-, Alkohol- oder Medikamentenabhängigkeit enden.

Hoffnung machen jedoch die vielen Homepages im Internet, aber auch die Bücher, in denen Betroffene berichten, wie sie es dank Psychotherapie und/oder medikamentöser Behandlung schafften, dem Teufelskreis von Angst, Panik und Phobien zu entkommen.

Nach dem Erscheinen meines Buches „Panik – Chance für einen Neubeginn?" im Jahr 1998 und über meine Website zum gleichen Thema (http://www.astrid-krueger-panik.de oder http://home.t-online.de/home/astrid-krueger), erhielt ich an die 100 Zuschriften von anderen Betroffenen, die mir, teils sehr ausführlich, ihre persönliche Geschichte schilderten.
Immer wieder wurde ich darin gebeten, weitere Erfahrungsberichte zum Thema zu veröffentlichen, was ich mit den folgenden zehn Geschichten tun möchte. Die Betreffenden waren so freundlich sie mir zur Verfügung zu stellen und für eine Veröffentlichung freizugeben.

Astrid Krüger

im Januar 2001

Erfahrungen

Carmen, 21 Jahre alt

Schon im Alter von 16 Jahren bekommt Carmen ihren ersten Angstanfall. Damals besucht sie die letzte Klasse der Realschule.
Immer öfter kämpft sie während des Unterrichts mit Atembeschwerden. Ihre beste Freundin, die in der Klasse neben ihr sitzt und Carmens Erstickungsanfälle miterlebt, äußert den Verdacht, daß es sich eventuell um Asthma handeln könnte. Das verunsichert Carmen noch mehr und als ihre Beschwerden und die damit verbundenen Angstgefühle immer stärker werden, ist es ihr nicht mehr möglich, die Schule zu besuchen.
Sie bleibt zu Hause. Inzwischen wird Carmen aber auch dort von diesen mysteriösen Anfällen heimgesucht, vor allem abends.
Gründliche Untersuchungen beim Hausarzt bleiben ohne Ergebnis. Carmen erfährt, daß sie organisch kerngesund ist. Die Panikerkrankung an sich wird jedoch nicht diagnostiziert. Aufgrund dessen sieht der Arzt keine Möglichkeit mehr, ein Attest für die Schule auszustellen. Carmen kehrt in ihre Klasse zurück.
Damit beginnt eine schwere Zeit für sie. Am Anfang kann sie nur kurz am Unterricht teilnehmen. Während der Stunden muß sie oftmals den Raum verlassen. Die Klassenlehrerin reagiert verständnisvoll, nachdem Carmen erklärt, mit welchen Schwie-

rigkeiten sie zu kämpfen hat. Sie versucht sogar den Klassenkameraden die Problematik begreiflich zu machen.

Besonders überrascht ist Carmen von der Reaktion eines Lehrers. Dieser bietet ihr an, während seiner Stunden direkt am geöffneten Fenster zu sitzen. Außerdem gestattet er ihr, sein Auto als eine Art Zufluchtsort zu nutzen, falls es ihr besonders schlecht gehen sollte. Obwohl Carmen auf dieses Angebot nie eingeht, hat sie den Eindruck, daß der Lehrer genau weiß, wie sie sich mit ihren Ängsten fühlt.

Zu ihren Kameraden hat Carmen, bis auf wenige Ausnahmen, wegen ihrer großen Schüchternheit und Zurückhaltung kaum Kontakt. Aufgrund ihrer Angsterkrankung und dem Unverständnis Gleichaltriger für ihre Schwierigkeiten, verbringt sie eine eher untypische, vor allem sehr ruhige Jugend.

Die Busfahrten zur Schule sind eine einzige Qual. Während der etwa 30-minütigen Fahrten glaubt Carmen regelmäßig zu ersticken. Oftmals ist sie nervös und fühlt sich dermaßen unwohl, daß sie den Schulbus an irgendeiner Haltestelle verläßt, zu Hause anruft. Mutter oder Vater holen sie dann ab und bringen sie zurück noch Hause. Dort erst kann sie sich erholen. Versuche, sie zu einem späteren Zeitpunkt in die Schule zu bringen, scheitern und verschlimmern höchstens noch ihren Leidensdruck.

In dieser Situation ist es eigentlich kein Wunder, daß Carmen nur mit Mühe die Mittlere Reife schafft. Kurz danach beginnt sie trotz ihrer Ängste eine Ausbildung zur Arzthelferin. Nach wenigen Wochen muß sie die Lehre abbrechen. Es ist ihr unmöglich, die Tage am Arbeitsplatz zu verbringen. Heute berichtet sie aber auch darüber, daß die Tätigkeit in einer Arztpraxis sowieso nicht ihren Vorstellungen und Wünschen von ihrem zukünftigen Beruf entsprochen hätte. Lieber hätte sie einen Beruf ergriffen, der ihr ermöglichen würde, ihre Sprachkenntnisse zu nutzen oder ihre künstlerischen Neigungen zu befriedigen.

Kurze Zeit später beginnt Carmen eine Behandlung bei einer Kinder- und Jugendpsychologin, die klären soll, warum sie immer wieder Anfälle von Atemnot bekommt, warum sie sich kaum noch auf die Straße traut.

Die Therapie ist nicht von Erfolg gekrönt. Statt Carmen zu helfen, verunsichert die Psychologin sie unnötig. Die Therapeutin zeigt ihr Bilder und schließt aus deren Interpretationen eine zu enge Fixierung auf die Eltern. Statt Carmen sanft zu unterstützen und gemeinsam nach einer Lösung des gesundheitlichen Problems zu suchen, bestimmt die Therapeutin und versucht Carmen in eine von ihr bevorzugte Bahn zu lenken, sie von den Eltern zu lösen, sie zum Auszug von zu Hause zu bewegen. Unmöglich zu diesem Zeitpunkt, da Carmen schließlich erst 16 ist. Nach einiger Zeit bricht Carmen die Behandlung ab, da sie kein Therapiekonzept erkennen kann und sich ihre Probleme eher verschlimmern als bessern.

Ein Jahr später erhofft sich sie sich eine Besserung ihres Beschwerdebildes durch eine Operation an der Nasenscheidewand. Die plötzlichen Anfälle bleiben.

Sie konsultiert eine Heilpraktikerin, aber auch die kann die Erkrankung von Carmen nicht lindern. Gleichzeitig werden noch diverse Untersuchungen wie eine Kernspintomographie des Kopf- und Halsbereichs durchgeführt, die jedoch zu keinem Ergebnis führen. Eine körperliche Ursache für Carmens quälende Beschwerden kann weiterhin nicht ermittelt werden.

Im darauffolgenden Winter erlebt Carmen ihren ersten Panikanfall. Zusammen mit ihrer Familie will sie an diesem Tag zum Einkaufen in die Stadt fahren. Ihr ist es nicht möglich, das Auto zu verlassen. Sie bleibt dort alleine zurück und leidet fast eine Stunde lang Todesängste, bis die Familie zurückkehrt. Später, zu Hause, ist Carmen froh, überlebt zu haben.

Dieses Erlebnis hinterläßt einen bleibenden Eindruck. Fortan traut sie sich nicht mehr, das Haus zu verlassen. Nur dort fühlt sie sich einigermaßen sicher. Schon alleine wenn Besuch kommt, geht sie in ihr Zimmer, glaubt ansonsten zu ersticken.

Vor einem Urlaub macht sich Carmen große Sorgen, doch die befürchteten Panikanfälle bleiben aus und sie kann den Ausflug mit ihrer Familie sogar genießen.

Ein Jahr später erlebt Carmen einen besonders starken Angstanfall, als sie alleine zu Hause bleibt, um sich dort um ihre kleine Schwester zu kümmern. Ihre größte Angst ist dabei die, die Kontrolle über sich zu verlieren.

Jetzt wird es für sie auch unmöglich, alleine zu Hause zu verbleiben. Carmen hat Angst alleine zu Hause, aber genauso schwer fällt es ihr, das Haus zu verlassen. Aus diesem Grunde entwickelt sie eine Menge Vermeidungsstrategien. Wenn sie weiß, daß ihre Mutter einkaufen muß, überlegt sie sich beispielsweise, wer von ihren Geschwistern bei ihr bleiben kann. Es ist eigentlich immer jemand bereit, bei ihr zu bleiben, so daß sie niemals alleine zu Hause sein muß.

Carmen berichtet darüber, daß sie bei ihrer Familie immer auf Verständnis für ihre Panikattacken stößt. Ihre Mutter hat in früheren Jahren ebenso an einer leichten Form von Angstzuständen gelitten, konnte sie aber mit Konfrontationsübungen ohne therapeutische Hilfe besiegen.

Eine Zeit später zieht Carmen zusammen mit ihrer Familie um. Das neue Haus befindet sich circa zehn Kilometer von der alten Wohnung entfernt. Anfänglich verstärken sich die Atembeschwerden durch die fremde Umgebung, das neue Haus.

Gleichzeitig ist es auch eine aufregende und interessante Zeit für Carmen. Sie lernt neue Bekannte kennen, viele Menschen in ihrer Altersklasse. Dadurch gerät die Angst in den Hintergrund. Leider haben diese Kontakte die Zeit nicht überdauert.

In einem anderen Ereignis aus diesem Jahr zeigt sich jedoch, wie stark die Angst Carmen bereits im Griff hat und ihre Lebensqualität einschränkt. Damals gibt es im Fernsehen eine Sendung, deren Fan Carmen ist. Sie versäumt keine Folge und steht auch in regelmäßigem Kontakt mit der Redaktion.

Da sie künstlerisch begabt ist, bastelt sie eines Tages Puppen der Hauptdarsteller. Wie stolz ist sie, als diese in der Sendung vorgestellt werden und erwähnt wird, daß sie von ihr stammen. Noch mehr aber freut sich Carmen, als sie daraufhin zwei der begehrten und nur schwer zu erhaltenen Karten für die Sendung bekommt.

Trotz allen Interesses die Hauptdarsteller persönlich kennenzulernen, trotz ihrer großen Freude hierüber, siegt die Angst. Die Karten verfallen und obwohl ihr dieses Ereignis bis heute im Gedächtnis geblieben ist, kann Carmen die Panik an diesem Tag nicht überwinden und sich ins Studio begeben.

Im darauffolgenden Jahr kämpft Carmen weiterhin in regelmäßigen Abständen mit ihrer Panikerkrankung. Jedoch unternimmt sie nichts dagegen. Sie nimmt diese einfach so, wie sie ist.

Im Herbst beschließt Carmen noch einmal einen Versuch zu unternehmen, die Angstzustände mit fachlicher Unterstützung in den Griff zu bekommen. Hierzu überweist sie ihr Hausarzt an einen Neurologen und Monate später beginnt Carmen mit einer Verhaltenstherapie.

Die Fortschritte, die sie im Rahmen dieser Therapie macht, sind groß. Carmen entdeckt für sich ungeahnte Möglichkeiten und ist mit sich und ihrer Entwicklung sehr zufrieden.

Gründe für das Auftreten der Panikattacken werden auch während dieser Therapie nicht ermittelt. Aber es ist offensichtlich, daß die Behandlung bei Carmen erfolgreich ist. Die Psychotherapeutin fährt mit ihr einen ganzen Tag zum Üben in die nächste Großstadt und begleitet sie überall in der Stadt. Auch im Heimatort proben die beiden öfters, bis alle Situationen für Carmen leichter werden und es ihr nicht mehr so viele Schwierigkeiten bereitet, sich in der Öffentlichkeit aufzuhalten.

Nachdem sie so viele und so schwierige Situationen überstanden hat, gewinnt Carmen an Selbstvertrauen. In gleichem Maße lassen die Atembeschwerden nach und Carmen kann das Leben an der Seite ihres Freundes, den sie inzwischen kennengelernt hat, genießen. Auch alleine kann sie plötzlich größere Geschäfte aufsuchen, mit dem Bus fahren. Obwohl Carmen noch unsicher ist, weil sie so lange Zeit das Haus nicht alleine verlassen hat, erlebt sie diese Zeit als einmalig und spannend. Jetzt hat sie all die Möglichkeiten, von denen sie jahrelang nur geträumt hat und macht viele Pläne für die Zukunft.

Sie hofft, daß es ihr jetzt endgültig möglich sein wird, eine Ausbildung zu beginnen, den Führerschein, von dem sie schon so lange träumt, zu machen, demnächst mit ihrem Freund zusammenzuziehen. Doch nach einiger Zeit geht es wieder bergab mit ihr. Es fällt Carmen deutlich schwerer, ihre Übungen durchzuführen, körperliche Beschwerden treten verstärkt auf.

Bei einer gründlichen Untersuchung durch den Hausarzt wird ein starker Eisenmangel festgestellt. Sie bekommt Präparate, die den Mangel beheben sollen und pausiert aufgrund ihrer körperlichen Schwäche mit ihren Übungen. Carmen setzt sich statt dessen viel schriftlich mit den Panikattacken auseinander.

Später übt Carmen wieder regelmäßig. Dennoch erreicht sie während der Dauer der restlichen Therapie nie wieder das Niveau, das sie bereits erreicht hatte. Nach einem halben Jahr schließt Carmen die Verhaltenstherapie ab und hat seither auch noch das eine oder andere Erfolgserlebnis gehabt. Momentan ist aber alles wieder schwieriger geworden.

Die Panikanfälle treten zur Zeit gehäuft auf. Außerdem leidet Carmen wieder regelmäßig unter Atembeschwerden. Sie glaubt, daß das daran liegt, daß sie mit ihrer Angstbewältigung wieder Erfolg haben möchte, aber nicht genau weiß, wo sie anfangen soll. Dazu kommen Partnerschaftskonflikte, da ihr Freund auf Dauer mit der momentanen Situation unzufrieden ist. Er kann nicht verstehen, daß Carmen oftmals das Haus nicht verlassen kann, sich unwohl fühlt.

Dennoch ist Carmen optimistisch. Sie glaubt fest daran, daß es ihr gelingen wird, die Panik in den Griff zu bekommen. Sie hat im Rahmen ihrer Therapie gemerkt, was in ihr steckt und daß es in ihren Möglichkeiten liegt, die Angstzustände so unter Kontrolle zu bekommen, daß ihr ein normales Leben gelingt. Carmen glaubt jedoch, daß all das nur über einen langen Lernprozeß möglich ist.

Daher möchte sie ihre Therapie fortsetzen. Am liebsten würde sie eher heute als morgen damit beginnen. Vorher muß Carmen jedoch noch das Gutachten eines Neurologen beibringen, eine schwierige Aufgabe, da dessen Praxis überlaufen ist und es freie Termine erst in einigen Monaten gibt.

Schade eigentlich, da ihr so die Möglichkeit genommen wird, in der momentanen Phase des „Ich will" gleich zur Tat zu schreiten.

Christine, 38 Jahre alt

Mit knapp 18 Jahren wird Christine zum ersten Mal Mutter. Zu diesem Zeitpunkt lebt sie noch bei ihren Eltern. Der Vater ihres Sohnes verstirbt nur zwei Monate vor der Geburt an den Folgen eines Unfalls. Christine wohnt weiter zu Hause. Auch damit ihr Kind versorgt ist und sie selbst ihre Ausbildung zu einem guten Ende bringen kann, was gelingt.

Nachdem sie eine gute Arbeitsstelle gefunden hat, bezieht Christine zusammen mit dem Jungen eine Drei-Zimmer-Wohnung und nimmt ihr Leben selbst in die Hand. Während des Tages ist ihr Sohn in einer Krippe untergebracht. Abends und am Wochenende kümmert sich Christine selbst um ihn.

Die beiden unternehmen viel zusammen. Es geht ihnen gut und manchmal verreisen sie spontan für ein Wochenende zu Bekannten nach Italien.

Nur nachts fühlt sich Christine manchmal unwohl. Ihr ist übel. Sie hat irgendwie Schwierigkeiten, die sie nicht genau einordnen kann. Die Ursache ist unklar. Ist jemand bei ihr, hat sie gar keine Beschwerden.

Aus heutiger Sicht glaubt Christine, daß es sich um die Vorboten der Panikerkrankung gehandelt haben muß. Damals hat sie nicht die geringste Idee, was los sein könnte.

Zwei Jahre später lernt Christine ihren heutigen Ehemann kennen. Er zieht bald zu ihr und ihrem Sohn, mit dem er sich bestens versteht.

Von diesem Zeitpunkt an, über die Hochzeit bis zur Geburt des zweiten Sohnes verschwinden

Christines Probleme vollständig. Sie macht ihren Führerschein, genießt das Leben und kann alles machen.

Als ihr zweiter Sohn gerade drei Monate alt ist, passiert „es". Eines Morgens wacht Christine mit einem merkwürdigen Unwohlsein auf, das sie nicht näher definieren kann. Nachdem es über mehrere Tage anhält, entschließt sie sich einen Arzt zu konsultieren. Der kann trotz gründlicher Untersuchung keinen Grund finden und schickt sie nach Hause.

Weitere Wochen vergehen, in denen alles noch schlimmer wird. Keinen Abend geht Christine mehr ins Bett, ohne daran zu denken, ob es morgen wohl wieder so sein wird. Es ist ihr fortan unmöglich, alleine zu Hause zu sein. Sie hat ständig das Gefühl zusammenzubrechen. Dann wäre sie alleine und niemand da, der ihr helfen könnte.

Christine leidet jetzt ständig an Angstzuständen. Ihr ist unwohl, im Kopf hat sie das Gefühl, alles wäre umnebelt. Dazu kommen ständige Anfälle von Herzrasen, Atemnot, ihr bricht der Schweiß aus. Zu diesem Zeitpunkt glaubt sie, daß es sich so anfühlen muß, wenn man stirbt.

Weitere Arztbesuche, auch bei Spezialisten, folgen. Sie führen zu nichts. Zusätzlich quält Christine ein Gefühl von Platzangst. Dazu ist ihr die Angst vor der Angst buchstäblich ins Gesicht geschrieben.

Nicht ärztliche Aufklärung, sondern ihr eigenes Engagement hilft Christine zu erkennen, was ihr Problem ist. Aus Zeitschriften und Büchern stellt sie ihre eigene Diagnose.

Heute glaubt Christine, daß sie nach der Geburt des zweiten Kindes Panik bekommt, weil sich damit ihr

Leben vollkommen ändert. Plötzlich wird sie mit neuen Aufgaben konfrontiert.

Die Jahre zuvor ist sie als alleinerziehende Mutter schließlich voll berufstätig. Alles, was mit Kinderpflege, -betreuung und -erziehung zu tun hat, erledigen andere für sie. Die Zeit, die sie mit ihrem Ältesten verbringt, sieht sie nicht als belastende Pflicht an.

Nach ihrer Heirat und der Geburt des zweiten Jungen ist sie fortan hauptberuflich Hausfrau und Mutter. Christine glaubt, daß die Verantwortung, die sie damit zu übernehmen hat, zu einem großen Teil für ihre plötzlichen Attacken verantwortlich ist.

Schon vorher bekommt sie ein mulmiges Gefühl, wenn sie auf der Arbeit von ihrem Chef alleine im Geschäft zurückgelassen wird und dort alles regeln muß. Christine macht sich Gedanken, ob sie die Situation alleine gemeistert bekommt, die richtigen Entscheidungen trifft.

Eigentlich ist das ein Widerspruch, denn Christine übernimmt gerne Verantwortung. Sie liebt es selbständig die Initiative zu ergreifen. Aber irgendwie hat sie doch Angst vor ihrem eigenen Mut.

Von Anfang an weigert sich Christine Psychopharmaka einzunehmen. Statt dessen vertraut sie auf naturheilkundlichen Mitteln, Homöopathie und Meditation. Einiges davon hilft ihr. Die Jahre vergehen und ihre Ängste werden immer weniger. Der Radius ihrer Aktivitäten nimmt immer weiter zu, bis er letztendlich einen Umfang von zehn Kilometern erreicht hat.

Den muß sich Christine mühsam aufbauen. Zunächst gibt es nämlich ein Jahr, in dem sie das

Haus überhaupt nicht mehr alleine verläßt. Dann gibt sie sich einen Ruck und versucht in Begleitung zumindest einige Dinge wieder selbst in die Hand zu nehmen. Es gelingt und so wird Christine immer sicherer und kann zumindest einen Teil ihrer Aufgaben wieder selbst bewältigen.

Damit gibt sich Christine jahrelang zufrieden. Hier kann sie sich einigermaßen frei bewegen und ist zufrieden mit dem Erreichten.

Sobald sie jedoch den Radius überschreiten soll, ergreift sie wieder die Panik. So lernt Christine sich mit den Gegebenheiten zu arrangieren und ihre Umwelt zu belügen, damit sie nicht aus ihrem sicheren Bezirk hinaus muß.

Eine Alternative hierzu ist die Begleitung von verständnisvollen Menschen. Ist jemand bei ihr, so wagt sich Christine auch weiter hinaus. So hat Christine immer jemanden bei sich, damit sie zumindest so tun kann, als ob sie ein normales Leben führt.

Die Ängste gehen jedoch nicht spurlos an ihr vorbei. Vor acht Jahren bekommt sie zusätzlich gesundheitliche Probleme mit großem Gewichtsverlust und Magen-/Darmstörungen.

Nachdem Christine innerhalb weniger Monate zehn Kilogramm abnimmt, diagnostizieren Ärzte nach einer Darmspiegelung eine Glutenallergie und verordnen eine spezielle Diät. Sechs Jahre lang hält Christine sich daran. Ein Erfolg stellt sich jedoch nicht ein. Sie leidet weiter unter chronischem Durchfall und kann nur mühsam ihr Gewicht halten.

Eine Kontrolluntersuchung nach dieser Zeit zeigt, daß überhaupt nicht Zöliakie der Grund ist für

Christines Probleme, sondern eine funktionelle Störung. Damit muß sich Christine jetzt arrangieren und ihren Lebensplan danach richten.

Heute, zwölf Jahre nach den ersten Panikattacken, muß sich Christine eingestehen, daß sie zwar gelernt hat, mit den Ängsten umzugehen, sie aber nicht im Griff hat. Jetzt, wo ihre Kinder selbständiger geworden sind und sie einen größeren Freiraum hätte, erkennt sie, daß es ihr Mühe bereitet, sich jahrelang mit diesem relativ kleinen Radius zufrieden gegeben zu haben.

Will sie in die Stadt zum Bummeln fahren, versagt sie kläglich dabei, den Zug zu benutzen. Mit dem Auto kann sie sich auch nur in der Nähe ihres Wohnortes aufhalten. Mühsam hat sie in den letzten Monaten gelernt, einige Stationen mit dem Bus zu bewältigen.

Aber – jede einzelne dieser Konfrontationen ist mit großer Aufregung, Nervosität und Herzklopfen verbunden. Jede einzelne dieser Übungen ist für sie wie ein Fallschirmsprung oder Bungee-Jumping.

Vor etwa zwei Jahren hat sich Christine daher entschieden, der Angst die Stirn zu bieten. Seither gilt für sie nur noch eins: die Konfrontationstherapie.

Sicherlich hat ihr ein vorheriger Versuch, der Angst mittels Therapie die Stirn zu bieten, auch geholfen. Doch sie fühlt, daß es ihr nur weiterhelfen kann, wenn es ihr endlich gelingt, das Angstmuster aus ihrem Kopf endgültig zu streichen.

Immer wieder nimmt sie dafür die gleichen Übungen auf sich, damit auch ihr Unterbewußtsein registriert, daß nichts passiert.

Heute macht es ihr wieder Spaß zu arbeiten. Einige Dinge kann sie auch wieder alleine bewältigen. Unter Platzängsten leidet sie fast gar nicht mehr.

Christine ist fest davon überzeugt, daß jeder seinen persönlichen Weg aus der Panik finden muß. Das Leben ist für sie viel zu schön, um sich von diesen Ängsten gefangen halten zu lassen.

Christine will sich nicht unterkriegen lassen und hat sich auf den steinigen Weg zu einem angstfreien Leben begeben.

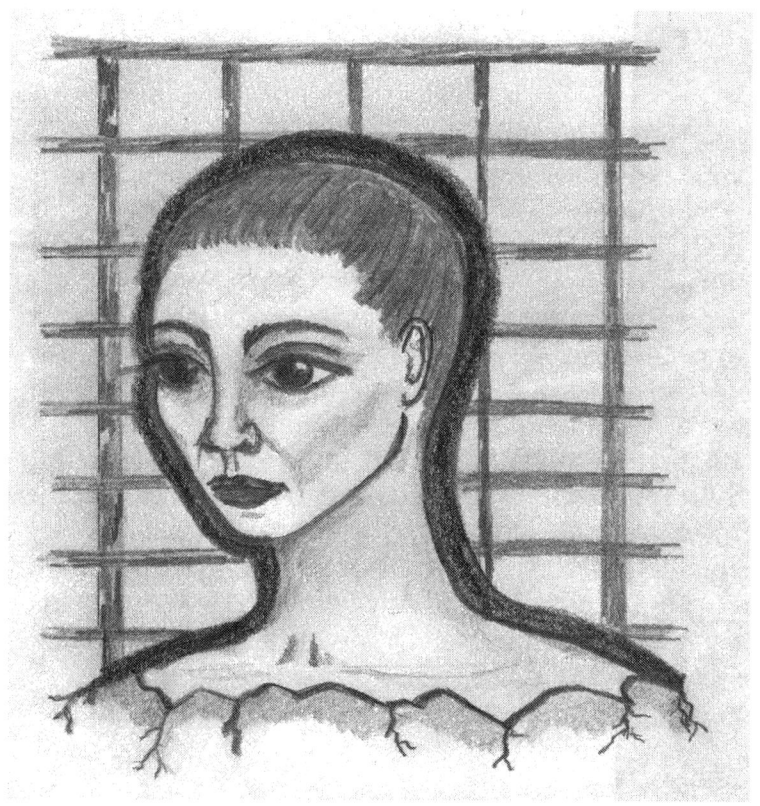

Die Frau ist entwurzelt, vom Leben im eigentlichen Sinne abgerissen.

Zudem hat sie eine Mauer um sich aufgebaut, die sich als Schatten der Angst symbolisch um sie legt. Sie stellt sich hinter ein Gitter/einen Käfig, das/der sie vor der Außenwelt schützt, aber auch davon abhält, am Leben teilzunehmen.

Darum kann sie auch nicht glücklich aussehen.

Uschi Broichhagen, 2001

Clarissa, 25 Jahre alt

Die früheste Erinnerung an Angst beruht aus Clarissas Kindheit. Damals hat man ihr, wahrscheinlich nur aus dem Wunsch heraus sie ein bißchen zu ärgern, Angst vor Gespenstern und bösen Geistern gemacht.

Diese Spur zieht sich bis heute hin. Auch jetzt noch kann Clarissa nachts nur schwer alleine sein. Am liebsten hat sie es, wenn jemand in der Nähe ist. Nur so kann sie beruhigt einschlafen.

Ihre erste Panikattacke hat sie prompt nachts, auf einer Party bei Freunden. Die besucht sie zusammen mit ihrem damaligen Freund.

Clarissa befindet sich in einer schwierigen Situation. Mit 18 Jahren ist sie schwanger geworden, mit ihrem Freund aber schon länger nicht mehr glücklich. Sie weiß einfach nicht, was sie machen soll. Soll sie sich vom Vater ihres ungeborenen Kindes trennen? Möchte sie das Kind wirklich haben?

Letztlich enthebt sie die immer wieder auftretende Brutalität ihres Lebensgefährten dieser Frage. Nachdem er sie wieder schlägt und dabei auch keine Rücksicht auf ihren Zustand nimmt, entschließt sie sich endgültig, sich von ihm loszusagen. Bei seiner letzten Prügelorgie hat er ihr sogar mehrfach in den Bauch getreten. Aus Angst, daß dem Ungeborenen dabei etwas geschehen sein könnte, entschließt sich Clarissa jetzt doch für eine Abtreibung.

Danach kann sie zwar weiterhin ihrem Beruf nachgehen, aber dennoch verspürt sie eine immer
stärker werdende Unrast in ihrem Leben.
Kurz nach der Trennung von ihrem Freund verliebt
sich Clarissa neu. Sie ist sich sicher, daß es diesmal die große Liebe sein wird. Doch sie wird ent-
täuscht. Noch weitere Episoden dieser Art folgen.
Den einzigen Halt findet Clarissa bei ihrer Familie,
den Eltern, der älteren Schwester. Zwar kann lediglich die Mutter Clarissas Ängste nachvollziehen,
doch auch die anderen geben sich Mühe, ihr hilfreich zur Seite zu stehen.
Als es mit der Panik immer schlimmer statt besser
wird, entschließt sich Clarissa zum ersten Mal eine
Psychotherapie zu machen. Diese gestaltet sich
sehr merkwürdig, u.a. insofern, als sie stets alleine
zum Arzt hinfährt, aber von ihm zurück in einer Art
Eskorte bis zum Ortseingang begleitet wird (weil sie
ja Angst hat, alleine Auto zu fahren, wie er immer
wieder anführt).
Die Gespräche, die Clarissa mit ihm führt, können
ihr nicht weiterhelfen. Eine Behandlung mit Anti-
Depressiva verträgt sie nicht. Die Medikamente führen bei ihr zu so vielen Nebenwirkungen, daß sie
sie nach wenigen Tagen wieder absetzt.
Nach 20 Therapiestunden beschließt sie, den Arzt
zu wechseln und ihr Glück woanders zu versuchen.
Wenn Clarissa keine Angstzustände hat, geht es ihr
gut. Sie ist unternehmungslustig wie früher, geht
gerne unter Menschen. Hat sie Probleme, igelt sie
sich zu Hause ein. Dann ist sie heilfroh, wenn ihre
Mutter ständig in der Nähe ist. Manchmal ruft sie
sogar mitten in der Nacht Freunde an, weil sie sich

so fürchtet und nicht immer nur ihre Eltern mit ihren Ängsten belästigen will.

Clarissa ist weiterhin auf der Suche nach Anerkennung und Geborgenheit. So lernt sie ihren neuen Freund kennen, wird erneut schwanger und bekommt dieses Kind auch. Die Schwangerschaft hat sie heute noch als wunderschöne Zeit in Erinnerung. Es geht ihr so gut wie schon lange nicht mehr. Die Ängste sind völlig verschwunden. Clarissa freut sich auf das neue Leben, das in ihr wächst. Sie ist sicher, daß sie mit ihrem jetzigen Freund den richtigen Vater für ihren Sohn ausgewählt hat. Deshalb glaubt sie fest daran, daß sie ihren Freund irgendwann heiraten wird und die Beziehung von Dauer ist.

Die scheint tatsächlich stabiler zu sein als die vorhergehenden. Clarissa bezieht eine Wohnung mit ihrem Lebensgefährten. Sie versorgt den Haushalt, das Kind. Er sorgt für den Lebensunterhalt. Eine klassische Beziehung sollte man meinen, die über ein Jahr lang hält.

Dann kommt es auch hier zur Trennung. Der Freund verliebt sich in eine andere Frau. Clarissa kehrt mit dem Kind in ihr Elternhaus zurück. Zugute halten muß man dem Vater, daß er sich regelmäßig um seinen Nachwuchs kümmert, ihn zu sich holt, sich mit ihm beschäftigt. So fehlt es dem Kind an nichts, da Clarissa ihren Mutterschaftsurlaub noch weiter in Anspruch nimmt und zu Hause bleibt.

Dafür wird Clarissa aber ständig mit dem neuen Leben und den neuen Lieben ihres Ex-Freundes konfrontiert. Das fällt ihr manchmal sehr schwer.

Doch Clarissa vermißt schon bald wieder die Zuneigung, die sie sich in ihren Freundschaften erhofft. Weitere Beziehungen folgen. Alle scheitern aus dem einen oder anderen Grund. Mal ist der Freund zu besitzergreifend, mal zu eifersüchtig, mal kommt er mit ihrem Sohn nicht klar.

Ihre neue Psychotherapeutin versucht Clarissa klarzumachen, daß sie ihrem Leben einen Sinn geben muß. Sie muß sich selbst zunächst finden, ehe sie ihr Glück weiterhin in den unterschiedlichsten Partnerschaften sucht. Doch diesem Ansatz kann Clarissa nicht folgen.

In der folgenden Zeit versucht sie auch wieder in ihrem Beruf Fuß zu fassen und gibt immer wieder auf. Mal verschlechtert sich innerhalb kürzester Zeit das Arbeitsklima in der Praxis, mal kommt sie mit den Arbeitszeiten und der gleichzeitigen Erziehung und Betreuung ihres Sohnes nicht zurecht oder aber sie hat einfach keine Lust mehr.

Dazwischen versucht sie sich immer wieder behandeln zu lassen. Mal sucht sie dazu einen Heilpraktiker auf, dessen Behandlung sie nach kurzer Zeit abbricht, mal einen Arzt für Naturheilkunde, der ihr längerfristig aber auch nicht helfen kann.

Noch Anfang diesen Jahres meint sie einmal mehr, den Traummann fürs Leben gefunden zu haben. Sie lernt ihn durch einen bloßen Zufall kennen, als er plötzlich vor ihrer Haustür steht.

Doch auch dieses Glück währt nicht lange. Obwohl er Clarissa mit Geschenken überhäuft und sich großartig mit dem Sohn versteht, kommt es erneut zur Trennung, da sie seine Gegenwart plötzlich nicht mehr ertragen kann. Und das alles, obwohl sie noch kurz davor geplant hat, ihre Heimatstadt zu verlassen. Sie wollte ihm in seinen Heimatort folgen, ihn heiraten und dort ihr Leben neu beginnen.

Danach will Clarissa es noch einmal wissen. Sie fängt eine neue Psychotherapie an bei einer Therapeutin, die eigentlich auf Menschen mit Panikstörungen spezialisiert ist. Doch auch dieser Linie kann Clarissa nicht folgen. Sie nimmt die Therapiestunden nur unregelmäßig wahr. Zu von der Psychotherapeutin vorgeschlagenen Exkursionen, die Clarissas Unabhängigkeit stabilisieren sollen, kommt es nicht.

Gleichzeitig versucht sie ihr Glück noch einmal bei einem Arzt für Naturheilkunde, der sie mit Akupunktur behandelt. Direkt im Anschluß daran fühlt sie sich zumeist sehr schlecht. Danach kann sie für einige Zeit die Angstgefühle vergessen, bis sie erneut auftreten und die Behandlung wiederholt wird.

Clarissa entschließt sich ein weiteres Mal ihr Elternhaus zu verlassen und führt diesen Schritt auch erfolgreich aus. Jetzt lebt sie schon mehrere Monate alleine. Sie sieht es als großen persönlichen Fortschritt an, daß sie zumindest gelernt hat, nachts alleine zu bleiben.

Dennoch kommt es zwischenzeitlich immer wieder zu neuen Panikgefühlen, die sich mit absoluten Hochphasen abwechseln. Dazu gehören auch neue Beziehungen. Momentan plant sie gerade einmal wieder mit ihrem derzeitigen Freund in dessen Heimatort zusammenzuziehen. Ob es diesmal endgültig klappt, sei dahingestellt. Der Freund ist sehr eifersüchtig. Ein Umstand, mit dem Clarissa sich nur sehr schwer abfinden kann.

Pläne hat sie viele. Leider ist es ihr bis dato jedoch kaum gelungen, einen davon umzusetzen.

Die Eltern und die Schwester unterstützen sie, wo sie nur können. Aber leider gelingt es auch ihnen nicht, eine gewisse Konstanz in Clarissas Leben zu bringen, so daß sie auf ein Ziel hinarbeitet und dieses letztendlich auch einmal zu verwirklichen sucht.

Laut neuester Nachrichten ist Clarissa wieder schwanger. Sie wünscht sich schon seit einiger Zeit ein Geschwisterchen für ihren Sohn.

Damit muß sie aber auch ihre gesamten beruflichen Pläne wieder auf Eis legen. Es ist auch noch gar nicht klar, ob ihre jetzige Beziehung von Dauer ist und wie sie sich weiter entwickeln wird.

So bleibt abzuwarten, in welche Richtung die Schwangerschaft Clarissas Leben beeinflußt und wie es mit ihr weitergehen wird.

Johanna, 53 Jahre alt

Die ersten zwei Lebensjahre verbringt Johanna bei ihrer leiblichen Mutter. Danach wird sie von Pflegeeltern an Kindesstatt angenommen. Erinnerungen an diese Zeit hat sie keine mehr. Sie weiß nur aus Erzählungen, daß sie sich in einem sehr schlechten Zustand befunden haben muß.

Kurz nach ihrem Einzug in das neue Zuhause wird Johanna sehr krank. Ein halbes Jahr verbringt sie in einem Krankenhaus. Die Ursache ihrer Beschwerden kann nie genau ermittelt werden. Unter der Obhut der Pflegeeltern wächst Johanna jedoch zu einem normalen Kind heran.

Anläßlich ihrer Einschulung werden orthopädische Schäden festgestellt. Da es sich augenscheinlich nicht um einen Geburtsfehler handelt, werden sie als Folgen einer Kinderlähmung angesehen.

Durch ihre Erziehung ist Johanna ein stilles Kind. Auch gegen die Hänseleien der Mitschüler und -innen wegen ihres Nachnamens setzt sie sich in den kommenden Jahren nicht zur Wehr. Die Pflegemutter hat Johanna mit auf den Weg gegeben, sich nicht herumzuschlagen. Ansonsten befürchtet sie Ärger mit dem Jugendamt.

Trotz guter Noten können die Eltern Johanna den Besuch einer weiterführenden Schule aus finanziellen Gründen nicht ermöglichen. So verbleibt sie in der dörflichen Volksschule.

Zu ihren Eltern hat Johanna ein gutes Verhältnis. Sie schenken ihr all ihre Liebe. Johanna fühlt sich geborgen und wohl in diesem Umfeld.

Anläßlich einer Untersuchung zum Ende der Schulzeit, werden die körperlichen Behinderungen von Johanna noch einmal bestätigt. Aus diesem Grund rät der Arzt ihr davon ab, ihren Traumberuf als Verkäuferin zu ergreifen.

Statt dessen soll in einer Klinik mit den inzwischen verbesserten medizinischen Möglichkeiten versucht werden, Johanna zu helfen. Ohne Erfolg - die Gebrechen bleiben ihr erhalten.

Trotz dieser Umstände erhält Johanna ein gutes Abschlußzeugnis. Dennoch ist ihre Berufswahl eingeschränkt und sie erhält buchstäblich die letzte Ausbildungsstelle, die zu vergeben ist. So beginnt Johanna im Jahr 1962 eine Lehre als Großhandelskauffrau.

Im darauffolgenden Jahr begegnet Johanna einem jungen Mann, der ihr zum Schicksal werden soll. 1964 bekommt sie von ihm ihren ersten Sohn. Obwohl in der damaligen Zeit nicht selbstverständlich, halten die Eltern tatkräftig zu ihr. Schließlich kann Johanna ihren Freund nicht heiraten. Volljährig wird man erst mit 21 Jahren und die zukünftigen Schwiegereltern sind mit einer Hochzeit nicht einverstanden.

Bereits ein Jahr später ist Johanna wieder schwanger. Dennoch ist eine Hochzeit immer noch weit entfernt. Die Eltern unterstützen Johanna weiterhin, damit sie ihren Beruf ausüben kann.

Nach Differenzen trennt sich Johanna vom Vater ihrer beiden Kinder. Zweieinhalb Jahre später treffen sie sich wieder. Trotz der vorangegangenen Querelen entschließen sie sich zur Heirat, teils aus eigenem Antrieb, teils auf Druck der Familien.

1970 zieht die Familie von Schleswig-Holstein nach Nordrhein-Westfalen. Zu diesem Zeitpunkt hat Johanna ihren dritten Sohn zur Welt gebracht und ist mit dem vierten schwanger.

Der Start ins neue Leben ist denkbar ungünstig. Weder Arbeit noch Wohnung entsprechen dem, was eine sechsköpfige Familie benötigt.

Unter diesen Strapazen bricht Johanna ein Jahr später zusammen. In der Klinik kann sie sich langsam erholen. Es ist jedoch klar, daß sie früher oder später in ihre gewohnte Umgebung zurückkehren muß.

Der erste Abend daheim beschert Johanna die erste Panikattacke. Den ganzen Tag über ist sie ihren gewohnten Tätigkeiten nachgegangen. Als sie sich schlafen legen will, geht es los. Ihr Herz rast wie wild, sie ist einer Ohnmacht nahe. Kalter Schweiß bricht ihr am ganzen Körper aus.

In eine Klinik möchte Johanna nicht. Sie hat Angst von dort nie wieder zurückzukehren. Es kommt Johanna überhaupt nicht in den Sinn, daß sie das überleben könnte. So äußert sie sich auch ihrem Mann gegenüber. Sie bittet ihn, mit den Kindern zurück nach Schleswig-Holstein zu gehen und sie dort von seiner Schwester aufziehen zu lassen.

Als sie letztendlich doch in ein Krankenhaus fährt, wird sie gründlich untersucht. Das Herz schlägt immer noch sehr schnell. Dennoch kann keine körperliche Erkrankung festgestellt werden.

Ohne weitere Untersuchungen, eine Diagnosestellung oder irgendwelche Medikamente, wird Johanna am nächsten Morgen entlassen. Sie bekommt nur den Hinweis, sich zu schonen. Also versucht sie genau das, aber Kinder, Ehemann und Haushalt wollen und müssen versorgt werden.

Vier Wochen später folgt der nächste Anfall. Wieder erlebt Johanna die Todesangst, wieder findet sie keinen Weg heraus. Immer wieder redet sie sich ein, daß sie nicht herzkrank ist. Ihr Zustand bleibt unverändert. Ihr ist übel, sie leidet unter Durchfall, läuft unruhig durch die Wohnung.

Irgendwann hält Johanna die Attacke nicht mehr aus und begibt sich erneut ins Krankenhaus. Diesmal behält man sie mehrere Tage dort. Gründliche Untersuchungen folgen.

Die Ärzte vermuten sogar, daß Johanna trinkt oder Drogen konsumiert hat und die Panikattacken eine allergische Reaktion hierauf seien. Doch all das trifft auf sie nicht zu.

Also bleibt den Ärzten nur, Johanna nach der Entlassung die Konsultation eines Neurologen zu empfehlen. Nach einer genauen Anamnese und vielen Fragen zur Familiengeschichte stellt der ihr das Rezept für ein Medikament aus. Das soll sie in der Folge täglich morgens und abends zu sich nehmen. Der Arzt erklärt Johanna, daß sie lediglich überreizt sei.

Dieses Mittel nimmt Johanna regelmäßig zu sich. Der Arzt fragt beim nächsten Besuch in seiner Sprechstunde, ob noch ein Panikanfall aufgetreten wäre. Sie verneint. Der Arzt ist zufrieden und verschreibt das Präparat ein weiteres Mal.

Doch dann hat Johanna trotzdem einen Anfall. Wieder fährt sie in die Klinik, weitere Untersuchungen folgen. Die Ärzte registrieren mit Wohlwollen, daß sie diese Pillen nimmt. Sie raten ihr zur zusätzlichen Einnahme einer Tablette im Falle eines Anfalls.

An einem Freitagabend bemerkt Johanna plötzlich, daß sie nur noch zwei der Tabletten hat. Sie wird unruhig und fragt sich, was sie ohne das Mittel im Falle eines Anfalls wohl machen soll. Da realisiert sie zum ersten Mal, daß sie es braucht, auf dem Weg in eine Abhängigkeit ist.

Auf ihre Bedenken angesprochen, reagiert der Arzt am darauffolgenden Montag sofort. Er gibt Johanna ein pflanzliches Mittel mit nach Hause, das sie nur noch bei einem drohenden Anfall zu sich nehmen soll.

Die nächsten Tage sind furchtbar für Johanna. Sie macht einen regelrechten Entzug durch. Aber auch das ist irgendwann geschafft.

Einen Panikanfall hat sie in der nächsten Zeit nicht. Als er zu einem späteren Zeitpunkt wieder auftritt, nimmt sie einen Teelöffel des Präparates zu sich. Nach einer halben Stunde fühlt sie sich besser.

So lebt Johanna über Jahre mit dem Gedanken, die Beschwerden nie wieder loszuwerden. Heute weiß sie nicht mehr, wie oft sie in die Klinik gefahren ist, wenn auch das Mittel nicht mehr hilft.

Die Beschwerden werden vielfältiger. Sie gehen von Herzrasen und Schweißausbrüchen auf starke Schmerzen über. Immer wieder hat sie die Sorge, doch herzkrank zu sein und plötzlich einmal umzukippen und zu sterben.

Ganz langsam schränkt sich ihr Handlungsspielraum immer mehr ein. Während sie anfangs noch oft nach draußen geht, verbleibt sie später lieber in der Nähe von Wohnung und Telefon. So hat sie wenigstens die Gewähr, im Notfall schnell Hilfe herbeirufen zu können.

Es gibt Tage und Wochen, da fühlt Johanna sich wohl. Danach folgt eine Phase, in der sie eine Attacke nach der anderen erleidet. Natürlich leidet nicht nur Johanna, sondern die ganze Familie unter diesen Umständen.

1981 gibt es endlich einen Lichtblick. Die Familie bekommt einen Posten als Hausmeisterehepaar einer Firma mit dazugehöriger Wohnung.

Johanna selbst durchlebt zu diesem Zeitpunkt gesundheitlich eine ruhige Phase. Dafür macht einer der Söhne Kummer. Er wird durch Freunde zur Spielsucht verleitet. Um an das nötige Kapital zu kommen, stiehlt er zunächst innerhalb der Familie, dann in der Firma. Dies führt zu einer Abmahnung.

Nachdem sämtliche Bemühungen, den Jungen auf den rechten Weg zu bringen, nicht fruchten, wenden sich die Eltern letztendlich an das Jugendamt. So kommt er in eine freiwillige Erziehungshilfe.

Dieser Ärger, allgemeiner Streß und ungesunde Lebensweise führen im Juli 1982 bei Johannas Mann zu einem schweren Herzinfarkt.

Kaum ist das Schlimmste überstanden, setzen Johannas Panikattacken wieder ein. Kein Tag, an dem sie nicht überlegt, wie es wohl weitergehen soll.

Ihr Mann wird immer ruhiger, vermeidet Gespräche über die Zukunft. Es ist klar, daß sich viel ändern wird.

Wochen nach dem Infarkt wird Johannas Mann in die Reha-Klinik verlegt. Vorher trifft die Familie ein weiterer Schicksalsschlag. Aufgrund der Vorkommnisse wird ihnen gekündigt. Sie verlieren sowohl den Arbeitsplatz als auch die Wohnung. Innerhalb kürzester Zeit muß Johanna alles organisieren, meist allein. Außer einem Kollegen und den Kindern hilft ihr beim Umzug in das neue Heim niemand.

Johannas Mann kommt nach sechs Wochen aus der Rehabilitation zurück. Er hat sich noch mehr verändert, lebt ganz und gar nicht so, wie die Ärzte es ihm empfohlen haben. Den Grund erkennt sie erst später. Während der Kur hat er eine andere Frau kennengelernt und kann sich lange nicht entscheiden, mit wem er weiterhin zusammenleben möchte.

Nach langem Überlegen und vielen Gesprächen mit ihren Kindern, entschließt sich Johanna einen Schlußstrich zu ziehen. Mitten in diesen Entscheidungsprozeß platzt die Nachricht, daß ihr Mann Anfang Dezember 1982 während eines Autounfalls verstorben ist.

Gemeinsam mit ihren ältesten Söhnen und einem Freund der Familie fährt Johanna noch in der Nacht los, um die Formalitäten zu erledigen.

Leider will der Chefarzt der Klinik keine Bescheinigung ausstellen, daß ihr Mann an den Unfallfolgen verstorben ist und nicht an einem weiteren Herzinfarkt. So erhält sie nur eine weitaus geringere Zuwendung aus der Lebensversicherung. Auch ihre Rente wird entschieden beeinflußt. Das jedoch interessiert den Chefarzt nicht im geringsten. So bleiben Johanna und ihre Söhne von einer minimalen Witwenrente und weiteren Zuwendungen des Sozialamtes abhängig.

In der darauffolgenden Zeit realisiert Johanna nicht ganz genau, was um sie herum geschieht. So bemerkt sie zunächst gar nicht, daß ein langjähriger Bekannter immer mehr ihr Leben in Beschlag nimmt. Die Kinder sind nicht glücklich mit der Situation, aber auch das merkt sie nicht.

Zusammen mit der Familie bezieht Johanna eine neue Unterkunft. Da sie und ihr Bekannter zwischenzeitlich schon eine enge Beziehung haben, sieht sie es nur als natürlich an, daß er sie mit bezieht.

Erst nach einiger Zeit bemerkt sie, daß der Freund dem Alkohol reichlich zuspricht. So hat sie sich die gemeinsame Zukunft mit ihm nicht vorgestellt. Nach etlichen Diskussionen über das leidige Thema zieht Johanna einen Schlußstrich unter die Beziehung und verweist den Bekannten der Wohnung. Das will dieser nicht ohne weiteres akzeptieren und droht ihr mit allem möglichen. Aus Vorsichtsgründen entschließt sie sich ein weiteres Mal, die Unterkunft zu wechseln.

Nach einiger Zeit des Alleinseins hat Johanna das Bedürfnis, eine neue Partnerschaft einzugehen. Sie gibt eine Anzeige auf und lernt P. kennen, einen Mann aus einer völlig anderen Welt. Er verwöhnt sie auf nie gekannte Weise und sie genießt das.

Bereits zu Beginn erzählt ihr P. von seiner psychischen Erkrankung. Johanna nimmt dieses Geständnis gelassen auf. Natürlich wird sie ihm helfen, falls Probleme auftreten sollten. Im Zusammenhang mit dieser psychischen Krankheit gibt es bei ihm wiederholt Fälle von Alkoholmißbrauch. Doch welche Ausmaße das annehmen würde, hat

Johanna in ihren schlimmsten Ahnungen nicht voraussehen können.

Gemeinsam mit dem Hausarzt überzeugt Johanna P., daß ihm der Aufenthalt in einer Spezialklinik helfen würde. Er läßt sich darauf ein. Nach einem zweiwöchigen Aufenthalt dort, kehrt P. voller Tatendrang und mit dem Vorsatz zurück, seine Krankheit unter einem völlig anderen Gesichtspunkt zu sehen.

Johanna und P. beziehen eine gemeinsame Wohnung. Nachdem die älteren Söhne bereits die Wohnung verlassen haben, stimmt Johanna dem leichten Herzens zu. Alles wird größer, schöner, als sie es bis dato gewöhnt war.

Den Umzug bewältigt Johanna erneut allein. P. hat wieder eine seiner Krisen und verbringt die Zeit in der Klinik.

Nach weiterem Auf und Ab entschließt sich Johanna nach sechs Monaten zum ersten Mal zur Trennung. Sie hat keine Kraft mehr. Herzschmerzen und Panikattacken treten wieder häufiger auf, der Konsum an Beruhigungsmitteln steigt. Das Weihnachtsfest verbringt Johanna daher in aller Ruhe mit dem jüngsten Sohn.

Der hat den Tod des Vaters am schlechtesten verkraftet. Auch die neue Partnerschaft der Mutter ist ihm zuwider und er bereitet Johanna viel Kummer. Um zu verhindern, daß ihr das Kind völlig aus der Hand gleitet, entschließt sie sich in Abstimmung mit den anderen Familienangehörigen, ihn in eine betreute Wohngruppe ziehen zu lassen. Er hat seine Lehre begonnen und soll seinen Weg ins Leben finden.

Entgegen aller gefaßten Vorsätze verbringt Johanna den Jahreswechsel 1985/86 auf Einladung von P.'s Eltern doch mit P. Prompt kommt es wieder zu einem Absturz von P.

Noch einmal kann ein neuer Hausarzt, der auch ein Freund ist, P. zu einem längeren Aufenthalt in einer Landesklinik überzeugen. Nach P.'s Rückkehr sind zunächst alle optimistisch. Er scheint geheilt.

Johanna und P. machen daraufhin Pläne für die Zukunft. Die Vorbereitungen für eine selbständige Arbeit laufen auf Hochtouren. Die Angst vor einem erneuten Rückfall in die Alkoholsucht von P. wird immer geringer.

Dafür bekommt Johanna wieder verstärkt Panikattacken. Ihr Hausarzt gibt ihr neben Medikamenten öfters Beruhigungsspritzen. Auch der Zeitpunkt, an dem sie wieder in eine Klinik geht, ist bald erreicht.

Immer wenn sie etwas neues über Herz- oder Kreislauferkrankungen liest, bittet sie die Ärzte um Abklärung oder Einweisung ins Krankenhaus. Niemand kommt in all den Jahren auf die klare Diagnose einer psychischen und nicht einer physischen Erkrankung.

1987 ist Johanna wegen ihrer ständig wiederkehrenden Migräne in Kur. Sie erfährt viel zum Thema Streßbewältigung und Erziehung der Kinder. Erst später bemerkt sie, daß die Kur auch einiges in bezug auf ihre Panikerkrankung gebracht hat.

Die Partnerschaft mit P. bleibt für Johanna problematisch. Die Berufspläne sind gut umgesetzt worden. Doch kaum gibt es eine persönliche Unstimmigkeit, ein berufliches Problem, hat P. einen Rückfall.

Zum Teil nimmt Johanna das als persönliche Attacke gegen sich und hat dann ebenfalls wieder mehr zu kämpfen. Leider reagiert P. bei weitem nicht mit dem gleichen Verständnis, das Johanna ihm entgegenbringt.

So und in ähnlicher Weise verläuft ihr Leben bis Ende 1991. In diese Zeit fällt der Verkauf des gemieteten Penthouses inklusive der Einliegerwohnung. Damit entfällt Johannas Rückzugsbereich. Daraufhin entschließt sie sich endgültig zur Aufgabe der Partnerschaft.

Die berufliche Zusammenarbeit will sie fürs Erste fortsetzen. P. findet in einem Nachbarort eine neue Bleibe, während Johanna vorläufig zu einem ihrer Söhne zieht. Sie pendelt zwischen ihrem und P.'s Wohnort hin und her. Ende 1992 findet sie endlich eine eigene Wohnung.

Die Abstände zwischen Arbeit und Nichtstun werden wegen immer häufigerer Krisen von P. größer. Johanna versucht das Schlimmste abzuwenden, aber irgendwann ist ihre Kraft aufgezehrt. Sie hat starke Migräne, verbunden mit Herzschmerzen und Panikattacken. Ein erneuter Rückfall P.'s, versetzt Johanna endlich in die Lage, sich von ihm zu trennen.

So gut es geht, versucht sie sich ein eigenes Leben aufzubauen. Anfangs hat sie noch regelmäßigen Kontakt zu ihrer Familie. Auch Freunde und Bekannte besucht sie von Zeit zu Zeit oder lädt sie zu sich ein. Im Laufe der Zeit häufen sich ihre Panikattacken. Sie zieht sich immer mehr zurück. Ihre Wohnung wird, bis auf ganz wenige Ausnahmen, zum Daueraufenthaltsort.

Im Mai 1994 wacht Johanna eines Morgens mit starken Magenschmerzen auf. Nachdem eigene Behandlungsversuche fehlschlagen, informiert sie den Notarzt. Dieser überweist sie nach einem EKG mit Verdacht auf Herzinfarkt ins Krankenhaus.

Für Johanna ist klar, daß sich jetzt das bewahrheitet, was sie seit Jahren befürchtet. Sie ist herzkrank und von all den Ärzten in den vergangenen Jahren wurde nur nichts bemerkt.

Nach intensiven Untersuchungen steht jedoch fest, daß es sich um eine Herzmuskelentzündung handelt. Nach Gabe von Medikamenten kann Johanna die Intensivstation nach vier Tagen verlassen. Nach weiteren 14 Tagen wird sie aus dem Krankenhaus entlassen mit der Auflage, sich im kommenden halben Jahr zu schonen.

Das macht sie. Doch verspürt sie schon nach einer weiteren Woche wieder die gleichen Beschwerden. Johanna benachrichtigt zunächst den Hausarzt, der sie auch aufsucht. Er verabreicht ein Medikament und bittet sie in seine Praxis.

Von dort wird sie nach eingehender Untersuchung sofort wieder in die Klinik gebracht. Diesmal ist es der befürchtete Herzinfarkt, ausgelöst durch einen Krampf in einem Herzkranzgefäß. Der Aufenthalt im Krankenhaus dauert diesmal vier Wochen. Anschließend fährt Johanna zur Kur.

Ihr körperlicher Zustand bessert sich schnell. Dafür treten wieder vermehrt Anzeichen von Panik auf. Das letzte EKG vor der Abreise aus der Kur bringt keine Gewißheit. Ist es „nur" Panik oder hängen ihre Probleme mit dem Herzinfarkt zusammen?

Zu Hause angekommen, versucht Johanna irgend-
wie mit der Situation fertig zu werden. Manchmal
jedoch läßt sich negativer Streß nicht vermeiden.
Prompt kommt es dann wieder zu Panikanfällen.
Sie nimmt erneut Beruhigungsmittel zu sich und die
Besuche in der Klinik häufen sich.
Die Ärzte dort sehen Johanna lieber einmal zuviel
als einmal zu wenig. Aber für Johanna ist dieser
Zustand höchst unbefriedigend. Sie ist mit ihrer
Angst wieder dort, wo sie schon einmal war.
Johanna geht nirgendwo mehr hin, außer zum Ein-
kauf und das möglichst in Begleitung. Ihr Leben ist
zum größten Teil auf die eigenen vier Wände
beschränkt.
Ein Gutes hat die Erkrankung dennoch. Johanna
kommt ihren Kindern wieder näher. Die älteren
holen sie gelegentlich ab oder besuchen sie. Ohne
es zu wissen, ist sie bereits zweifache Oma
geworden.
Irgendwann beschließt Johanna, dieser Situation zu
entfliehen und eine Therapie zu machen. Der
Hausarzt stimmt dem zu und erklärt ihr den Weg,
den sie beschreiten muß.
Anfänglich hat Johanna Pech. Eine erste Therapeutin erklärt nach den Probesitzungen, daß sie
keine Zeit für weitere Termine hat.
Der nächste Versuch bei einem Therapeuten verläuft schon positiver. Aber sie behält sich nach dem
ersten Gespräch eine weitere Suche vor.
Beim dritten Mal fühlt sie sich richtig aufgehoben
und hat das Gefühl, dem Therapeuten vertrauen zu
können.

Herr F. klärt Johanna darüber auf, daß er es persönlich nicht für so wichtig erachtet, den Grund für die Panikattacken zu ermitteln. Statt dessen möchte er ihr dabei helfen, mit dem Problem besser umgehen zu können.

Bei ihren Treffen berichtet Johanna über alles, was sie erlebt hat. Herr F. stellt gezielte Zwischenfragen, die sie dazu anregen, das Erlebte noch einmal zu überdenken und sich damit auseinanderzusetzen.

Später gibt Herr F. ihr gezielt Tips, wie sie sich im Falle erneuter Attacken verhalten soll.

Er rät Johanna im Moment einer Attacke einen Bogen Papier zur Hand zu nehmen und zu beschreiben, was in diesem Augenblick mit ihr passiert, egal ob auf physischer oder psychischer Ebene.

Anfangs macht Johanna das in Form einer Tabelle. Sie merkt, daß es ihr gut tut, nicht nur ihre Gefühle und Ängste zu beschreiben, sondern auch intensiver nach den Gründen zu forschen. Je häufiger sie sich damit beschäftigt, desto klarer wird ihr, daß es häufiger Streßsituationen sind, die Panik verursachen.

Johanna entdeckt, daß sich ihr Körper mittels der Attacken abreagiert. Es gelingt ihr nicht, konkrete körperliche Symptome von seelischen Warnzeichen zu unterscheiden.

Sie bezieht fast alles auf ihr Herz, besonders dann, wenn es sich in ähnlicher Form wie bei dem Infarkt bemerkbar macht. Ganz langsam lernt sie, ruhiger zu reagieren. Sie fragt sich in Gedanken, was sie gerade macht, warum das Herz jetzt schneller schlägt oder weshalb sie Schmerzen im Oberbauch verspürt.

Am Anfang der Therapie braucht sie noch manches Mal eine Tablette, um die Panik endgültig zu überstehen. Später gelingt es ihr immer öfter, ohne das Medikament auszukommen.

Nicht nur das Niederschreiben hilft Johanna. Während der Therapie beginnt sie auch mit Entspannungsübungen. Herr F. hat ihr dazu eine Kassette besprochen.

Parallel zum Beginn der therapeutischen Behandlung wird in ihrem Wohnort eine Selbsthilfegruppe für Menschen mit Angst und Panik ins Leben gerufen. Da die Krankenkasse nur eine bestimmte Anzahl an Stunden bei Herrn F. bezahlen wird, sieht Johanna hier eine Möglichkeit, sich mit Gleichgesinnten auszutauschen und das, was sie gelernt hat, zu vertiefen.

Bereits am ersten öffentlichen Treffen der Gruppe nimmt sie teil. Die dort anwesenden Leute leiden an den unterschiedlichsten Ängsten. Doch in einem Punkt gleichen sich ihre Geschichten. Das betrifft die mangelnde Akzeptanz durch die Umwelt. Überall stoßen Angst- und Panikpatienten auf Unverständnis.

Johanna selbst bleibt drei Jahre in dieser Gruppe, zuletzt als Sprecherin. In dieser Zeit bemüht sie sich verstärkt um Akzeptanz in der Öffentlichkeit für die Problematik von Panikpatienten.

Persönlich hat sie nicht nur die Therapie, sondern auch die Arbeit in der Gruppe soweit gebracht, daß sie heute ganz anders mit der Panik lebt. Sie geht sehr offensiv damit um. Johanna steht dazu wie zu jeder anderen Krankheit. Der einzige Unterschied zwischen Panikattacken und anderen Erkrankungen besteht für sie darin, daß man sie nicht sieht, wie beispielsweise einen Beinbruch oder die Narbe nach einem Unfall.

Jetzt ist sie schon seit Monaten ohne Anfall geblieben, worüber sie sehr glücklich ist. Doch sie sagt sich, daß tägliche Arbeit dazu gehört, auch in Zukunft von Panikattacken befreit zu bleiben. Sie hofft, daß es ihr gelingt, die kleinen Strategien, die sie im Laufe der Zeit gelernt hat, beizubehalten und eventuell zu verfeinern, damit sie noch viele angenehme Jahre vor sich hat.

Bezüglich ihres Familienlebens gibt es in den ganzen Jahren viele Hochs und Tiefs. Über einige Zeit hinweg hat Johanna zu allen Kindern einen recht regen Kontakt.

Dann schläft er mehr oder weniger ein. Bis auf den Ältesten sieht sie ihre Kinder längere Zeit gar nicht. Genaue Gründe sind ihr nicht recht ersichtlich. Sie drängt sich aber auch niemandem auf. Vielleicht liegt es u.a. daran, daß sie den Kindern nicht genug Zuwendung gegeben hat.

Zwischenzeitlich sind weitere Enkel geboren, die Johanna nur sporadisch sieht. Momentan hat sich die Situation wieder ein wenig entspannt. Zwar kann sie ihre Kinder und Enkel nicht regelmäßig besuchen, aber es gibt wenigstens schriftlichen oder telefonischen Kontakt.

Nachdem Johanna gesundheitlich auf einem so guten Weg ist, wagt sie erneut den Schritt in die Arbeitswelt. Eine ihrer diversen Bewerbungen hat

Erfolg. Das gibt ihr Auftrieb, ihr Selbstwertgefühl steigt.

Diese Arbeit kann sie allerdings nicht lange ausführen. Aber nicht ihre Angsterkrankung ist der Grund des Scheiterns, sondern die Spätfolgen der als Baby erlittenen Kinderlähmung. Massive Migräneanfälle zwingen sie nach drei Monaten zur Aufgabe.

Entgegen früheren Zeiten, wo Johanna sicher mit gehäuft auftretenden Panikattacken auf einen solchen Mißerfolg reagiert hätte, konzentriert sie sich diesmal ganz auf die Linderung der eigentlichen Beschwerden. Zusammen mit ihrem Hausarzt bekommt sie alles einigermaßen in den Griff. Sie akzeptiert auch, daß für sie der Weg in die Berufswelt nicht mehr gangbar ist. Daraufhin wird sie vom Arzt für arbeitsunfähig erklärt und stellt einen entsprechenden Rentenantrag. Sie macht sich berechtigte Hoffnung, daß dieser positiv entschieden wird.

In diesen letzten Wochen setzt sich Johanna mit nicht genau definierbaren Schmerzen oder Herzrhythmusstörungen sehr intensiv auseinander. Sie fragt sich in der jeweiligen Situation, woher und warum die Schmerzen bzw. das Herzstolpern kommen. Meist findet sie die Ursache und kann so in Ruhe abwarten, bis die Beschwerden vorbei sind. Damit gelingt es ihr, eine Panikattacke zu vermeiden.

Durch die letzten Untersuchungen weiß Johanna, daß die Störungen mit den Medikamenten gut im Griff sind und daß sie ihnen keine übermäßige Bedeutung zumessen muß. Negativen Streß versucht sie möglichst zu vermeiden. Sollte er doch einmal auftreten, sorgt sie dafür, möglichst rasch aus dieser Lage herauszukommen und anschließend in Ruhe zu entspannen.

Dies alles hilft ihr sehr und sie ist voller Zuversicht, ihre Angsterkrankung damit überwunden zu haben. Sollte sie doch noch einmal Hilfe benötigen, so weiß sie wann und wo sie sie finden kann. Johanna würde sich nicht scheuen, sie sofort wieder in Anspruch zu nehmen.

Außerdem arbeitet Johanna weiterhin daran, daß die Angst- und Panikerkrankung tiefer ins Bewußtsein der Öffentlichkeit dringt. Sie hält noch heute Kontakt zu ihren ehemaligen Kollegen und -innen aus der Angstgruppe, redet, soweit sich die Gelegenheit ergibt, mit Nichtbetroffenen über die Krankheit.

Nicht zuletzt durch die Veröffentlichung ihrer Geschichte will sie anderen Betroffenen Mut machen, sich in Familie, Bekannten- und Kollegenkreis zu öffnen, Hilfe zu suchen und anzunehmen und nicht zu verzweifeln.

Mario, 25 Jahre alt

Mario war schon immer ein ängstlicher Mensch. Immer hat er sich alles, was er machen wollte, genau überlegt und war vor besonderen Ereignissen sehr aufgeregt.

Trotzdem hat ihn diese Angst nie sonderlich „behindert". Er hat dennoch all das gemacht, was er sich vorgenommen hat und das geschafft, was er sich zum Ziel gesetzt hat.

Nach der Realschule besucht er die Höhere Handelsschule und schließt sie nach einem Jahr erfolgreich ab. Eigentlich will er den Beruf des Reiseverkehrskaufmanns erlernen, der schon immer sein Traum war. Da die Ausbildungsmöglichkeiten sehr eingeschränkt sind, muß er sich anders entscheiden und macht eine dreijährige Ausbildung zum Hotelfachmann. Sein Ausbildungsbetrieb befindet sich in der Nähe seines Wohnortes. In dem kleinen Hotel fühlt er sich von Anfang an wohl, die Atmosphäre ist familiär.

Nach bestandener Abschlußprüfung nimmt er Abschied. Er entschließt sich, das Abitur nachzuholen. Während dieser Zeit hilft er öfters im Hotel aus. Dennoch fehlen ihm alle, da er sich dort sehr wohl fühlt.

Nach bestandenem Abitur überlegt Mario lange, ob er in seinen Ausbildungsbetrieb zurückkehren soll oder nicht. Er entscheidet sich dagegen, da er es in seinem Beruf zu etwas bringen will und sich jetzt auch Chancen in einem größeren Hotel ausrechnet.

Er bewirbt sich daraufhin und hat das große Glück, seine absolute „Traumstelle" in einem großen Hotel am Flughafen zu bekommen und das sogar an der Rezeption.

Mario ist darüber sehr glücklich. Um eine solche Stellung zu bekommen, braucht man sehr viel Glück und im Normalfall eine mehrjährige Berufserfahrung. Bis dato hat Mario jedoch nur die Ausbildung und das Abitur vorzuweisen.

Sein erster Arbeitstag ist Ende 1998. Mario ist glücklich und geht mit viel Selbstvertrauen und guter Arbeitslaune ans Werk. Er ist überwältigt von der Größe des Hotels, von dem aufregenden, internationalen Flair, das dort überall in der Luft liegt.

Auch die Tatsache, daß er täglich 120 Kilometer zu seiner Arbeitsstelle zurücklegen muß, mach ihm anfänglich nichts aus, denn er arbeitet gern an seinem neuen Platz. Dadurch, daß er dort Menschen aus der ganzen Welt kennenlernt, verbessert sich sein Englisch innerhalb kürzester Zeit, das Verhältnis zu seinen Arbeitskollegen ist ausgezeichnet. Davon abgesehen, sieht er es als Privileg an, in einem Fünf-Sterne-Hotel zu arbeiten.

Ab Anfang des kommenden Jahres jedoch, fängt Mario an, sich unwohl zu fühlen. Er hat viele nette Arbeitskollegen, fühlt sich dennoch alleine. Er bemerkt, daß es in diesem riesigen Hotel nicht um Freundschaft geht. Jeder will und versucht zu seinem eigenen Vorteil zu gelangen.

Mario fühlt sich immer unwohler und hat oft das Gefühl, daß ihn die Größe des Hotels und die Vielzahl der Menschen, die dort ein- und ausgehen, erdrücken würde. Hinzu kommt, daß sie alle soviel

zu tun haben, daß von einem pünktlichen Feierabend nie mehr die Rede ist.
Auch im Auto und auf der Autobahn, fühlt er sich
immer ungemütlicher, denn es schneit sehr oft und
Schnee ist sowieso nicht sein Fall.

Und dann, Ende Februar kommt der gewisse Tag!

Mario hat Feierabend und gerät auf der Autobahn in
einen Stau, da es wieder einmal geschneit hat.
Plötzlich bekommt er Todesängste, sein Herz rast,
er zittert am ganzen Körper. Er hat das Gefühl
umzukippen, obwohl er in seinem Auto sitzt, ihm
wird heiß, sehr heiß sogar. Mario ist in diesem Stau
gefangen, es gibt kein vor und kein zurück und er
hat das Empfinden, daß er dort raus muß, sonst
sterben würde.
So plötzlich, wie es gekommen ist, verschwindet es
wieder, doch es hinterläßt seine Spuren. Als sich
der Stau langsam auflöst und es weitergeht, fährt
Mario den Rest der Strecke wie in Trance.
Seit diesem Tag ist nichts mehr, wie es einmal war.
Mario hat ständig Angst, es könnte wiederkommen.
Er hat Angst mit dem Auto zu fahren, denn ihn ver-
folgt der Gedanke, daß wieder ein Stau kommen
könnte. Aus diesem Grund kündigt er seine Stelle,
obwohl es ihm leid tut, aber er weiß sich nicht
anders zu helfen.
So steht er da, arbeitslos und mit einer Angst im
Nacken von der er gar nicht weiß, woher und
warum sie kommt. Wie am Anfang schon gesagt,
war er schon immer ein ängstlicher Menschen, aber
das hier ist ihm einfach „unheimlich".

Schließlich ist es soweit. Mario hat wegen jeder Kleinigkeit Angst, überall dort, wo er hinfahren muß. Manchmal sogar, wenn er nur zum Einkaufen will. Am Anfang glaubt er, daß das nicht sein kann, daß er verrückt wird, denn er hat vor etwas Angst, das er nicht „sehen" kann, das nicht greifbar ist.

Mitte 1999 beginnt sein Zivildienst. Dafür sucht er sich eine Stelle im Kindergarten aus. Mario freut sich, denn er geht davon aus, daß sich seine Ängste bessert, wenn er mit den Kindern abgelenkt wird. Doch er hat falsch gedacht, alles wird schlimmer.

Mario hat ständig das Gefühl, daß er unbedingt nach Hause muß, denn hier außerhalb seines sicheren Zuhauses könnte ihm etwas passieren. Er hat ständig das Gefühl, daß er sterben müßte. Die Chefin, mit der er diesbezüglich ein Gespräch führt, hat Verständnis. Sie erklärt ihm aber auch, daß sie jemanden braucht, der immer da und gesund ist.

Daraufhin wird Mario zum Amtsarzt geschickt. Der weiß nicht so recht, was er mit ihm anfangen soll und schickt ihn zum Neurologen.

Bevor Mario den jedoch aufsucht, vereinbart er einen Termin mit seinem Hausarzt, den er sehr mag und dem er vertraut. Der erklärt ihm zunächst, was mit ihm los ist, und daß es viele Menschen mit diesem Problem gibt. Auch er rät dazu, einen Neurologen zu konsultieren.

Dieser hinterläßt anfänglich zwiespältige Gefühle bei Mario. Er hört ihm zwar zu, aber die Tips, die er gibt, empfindet Mario nicht als besonders hilfreich. Der Arzt empfiehlt ihm pflanzliche Beruhigungsmittel zu nehmen, stellt eine Diagnose und schreibt ihn zunächst für eine Woche krank. Außerdem bekommt Mario eine Liste mit Therapeuten. Der Neurologe rät ihm zu, sich einen auszusuchen, einen Termin zu vereinbaren und sich dann in Behandlung zu begeben.

Mario fragt sich nur, wie er aus dieser Liste einen für ihn „passenden" Therapeuten auswählen soll. Daher entschließt er sich, den erstgenannten, eine Frau, einfach anzurufen. Sie ist sehr nett, erklärt Mario aber in der zweiten Sitzung, daß sie ihm nicht weiterhelfen kann, da er eine andere Art von Therapie benötigen würde, als sie anbietet. Auch bei der zweiten ergeht es ihm nicht anders.

Glücklicherweise kennt sie jedoch eine Kollegin, die Verhaltenstherapien durchführt und verweist Mario an sie. Er ist glücklich als die Therapeutin zusagt und erklärt, sie würde mit ihm eine Therapie durchführen. Als bedauerlich empfindet Mario nur, daß sie sehr lange Wartezeiten hat. Die Behandlung kann er erst drei Monte später beginnen.

Nachdem Mario alles mit dem Neurologen und der Therapeutin geklärte hatte, bleibt für ihn noch die Sache mit dem Zivildienst zu regeln. Er konsultiert daraufhin noch einmal den Amtsarzt, der ihn ausführlich untersucht, viele Fragen stellt und letztendlich, auch wegen der Diagnosestellung durch den Neurologen, zu dem Ergebnis kommt, Mario vom Zivildienst zu befreien.

Wieder ist Mario arbeitslos, einige Monate lang. In dieser Zeit verbringt er viel Zeit zu Hause und besucht regelmäßig seinen Neurologen, der ihm immer sympathischer wird, denn er nimmt sich viel

Zeit für ihn und Mario hat das Gefühl, dort gut aufgehoben zu sein.

Mitte des Jahres liest Mario die Stellenanzeige eines renommierten Unternehmens. Da es nur circa fünf Kilometer von seinem Heimatort liegt und er sich besser fühlt, bewirbt er sich. Außerdem hat er keine Lust, weiterhin zu Hause zu sitzen und von der „Stütze" zu leben.

Nach nur drei Tagen lädt man ihn telefonisch zu einem Vorstellungsgespräch ein. Darüber ist Mario sehr glücklich und hat das Gefühl, daß es wieder bergauf mit ihm geht. Das Gespräch verläuft locker und man erklärt ihm seine Aufgaben. Nach weiteren zwei Tagen „Nachdenkzeit" teilt man ihm telefonisch mit, daß man sich für ihn entschieden hat. Außerdem wird er darüber informiert, daß er in die Reiseabteilung kommen wird. Das ist sozusagen ein telefonisches Reisebüro. Es werden Reiseangebote in die Zeitung gesetzt und die Leute können in diesem Unternehmen buchen. Toll, denkt er, endlich sein Traumjob in einem Reisebüro. Am nächsten Tag sagt er zu.

Sein erster Arbeitstag ist im August. Er ist zwar aufgeregt, aber für ihn ist alles in Ordnung. Er bekommt einen schönen Arbeitsplatz, seinen eigenen Schreibtisch mit Computer, eine moderne Telefonanlage. Mario ist rundum zufrieden, zumal das Gehalt auch all seine Ansprüche übertroffen hat. Die neuen Arbeitskollegen, es sind anfänglich sieben, sind auch sehr nett. Alle werden sehr bald ein richtig gutes Team, arbeiten mit allen großen und renommierten Reiseveranstaltern zusammen und erzielen schon nach kurzer Zeit gute Umsätze.

In dieser Zeit hat Mario seine Angst vergessen, oder er hat sie durch all die viele Arbeit, die sie haben, vergessen. Es ist ihm egal, er geht gern zur Arbeit und das ist das Wichtigste.

Anfang des darauffolgenden Jahres werden sehr viele neue Kollegen eingestellt und das Team wird immer größer, mittlerweile sind es circa 20 Mitarbeiter. Man sagt ihnen, daß man so viele Mitarbeiter einstellen muß, weil sie größere Aufgaben übernehmen sollen. Sie sollen für einen sehr bekannten, großen Reiseveranstalter aus Düsseldorf die Reservierungsabteilung übernehmen.

Mitte Januar werden sie auf ihre neue Aufgabe geschult. Es ist sehr schwierig, was auf alle zukommt. Sie müssen ein neues Computerprogramm erlernen, sämtliches Wissen über den Veranstalter und seine Reisemarken und vieles mehr. Ein paar der Kollegen, wie auch er selber, wollen diese neue Aufgaben nicht machen, sondern in ihrem alten Reisebüro bleiben. Doch diese Aufgabe haben schon andere übernommen, und so müssen sie sich durchbeißen. Nach vier Wochen Schulung ist es soweit, sie werden am Telefon freigeschaltet, so daß die Kunden anrufen können. Es wird sehr hektisch, in ihrer einst so kleinen und ruhigen Abteilung, was Mario zu schaffen macht, denn er braucht beim Arbeiten viel Ruhe und muß sich stark konzentrieren.

Einen Monat später bemerkt Mario dann, daß es wieder losgeht, er wird zunehmend nervöser, denn die neue Aufgabe ist ihm einfach eine Nummer zu groß. Die Angst kommt wieder, er hat ständig die Sorge, irgend etwas falsch zu machen und muß dauernd nachfragen. Auch in anderen Bereichen kommt die Angst wieder, besonders im Auto. Es beginnt wieder damit, daß er ständig in Sorge ist, es könnte etwas passieren und er fühlt sich nur noch zu Hause sicher und beschützt.

Ende Februar sucht er seine Chefin auf, denn er will seine Arbeitszeit auf 30 Stunden verkürzen. Sie ist nicht begeistert, willigt aber letztendlich ein. Allerdings mit der Voraussetzung, daß die 30 Stunden nur für drei Monate in Frage kommen. Er muß das auch unterschreiben. Er ist dankbar, obwohl es nur für drei Monate ist, aber für den Moment ist er wenigstens ein wenig „gerettet", denn er kann jeden Tag früher in sein sicheres Zuhause.

Sein Leben besteht in der Zeit nur noch aus Arbeit und dann nichts wie nach Hause. In seiner Freizeit unternimmt er nichts mehr, geht nicht mehr ins Kino, nicht mehr in eine Diskothek, nirgendwo mehr hin.

In dieser Zeit bekommt er große Magenprobleme, die sich mit furchtbarer Übelkeit zeigen. Anfangs denkt er, daß er Magenkrebs hätte, aber nach einer internistischen Untersuchung stellt sich heraus, daß er körperlich völlig gesund ist, was ihn sehr beruhigt. Dennoch bleibt die Übelkeit. Er suchte wieder den Neurologen auf, der ihm verschiedene Medikamente verschreibt, die ihm aber nicht helfen, er wird immer nur müde davon.

Mitte des Jahres waren die drei Monate „Schonfrist" abgelaufen und seine Chefin läßt sich auch nicht bitten und betteln, nicht dazu umstimmen, ihn weiter auf 30 Stunden zu beschäftigen. Er mußt also wieder voll ran. Nachdem er noch einen weiteren

Versuch gestartet hat, um sie davon zu überzeugen, daß es besser für ihn wäre, nur 30 Stunden
zu arbeiten und sie wieder abblockt, faßt er den
Entschluß, sich erst mal krank schreiben zu lassen,
denn es geht ihm ziemlich schlecht in der Zeit.

Mario geht wieder zu seinem Neurologen und dieses Mal verschreibt er ihm ein Anti-Depressivum. Er
nimmt eine dieser Tabletten kurz vor dem Schlafen-
gehen. Mitten in der Nacht wacht er auf mit einer
Angst, die er nie, niemals zuvor hatte. Er kann
kaum laufen, hat Herzrasen, Schwindel, ist wie
benommen, hat Hitzewallungen, Schweißausbrüche
und ist felsenfest davon überzeugt, daß er sterben
wird.

Mario weckt seine Eltern und bittet sie, den Notarzt
zu benachrichtigen. Sie beruhigen oder sie versuchen zumindest, ihn zu beruhigen. Nachdem er
etwas ruhiger ist, faßt er den Entschluß, in einer
nahe gelegenen Psychiatrie anzurufen, denn er ist
am Ende und weiß sich nicht mehr anders zu
helfen. Mario spricht lange mit der diensthabenden
Ärztin und die erklärt, daß seine Symptome nur die
Nebenwirkungen seien und er nicht sterben würde.

Nachdem er mit ihr gesprochen hat, ist er etwas
ruhiger, denn er weiß, daß sie recht hat, denn es
sind wirklich nur die Nebenwirkungen, aber da er ja
Angstpatient ist, haben ihm diese Nebenwirkungen
natürlich auch wieder Angst gemacht. Mario
schwört sich noch in dieser Nacht, daß er keines
dieser Medikamente mehr nehmen wird.

Zwei Tage später geht es ihm wieder ganz gut. Er
entscheidet sich dazu, nach Anraten seines Arztes,

es mit pflanzlichen oder homöopathischen Mitteln zu versuchen.

Heute, acht Wochen später geht es ihm wieder ganz gut. Mario hat zwar Höhen und Tiefen, aber es geht langsam bergauf. Er nimmt verschiedene pflanzliche und homöopathische Mittel und er muß sagen, daß er damit gut hinkommt.

Mario hat, zwischenzeitlich, mit Hilfe seiner Therapeutin auch ein anders Verhältnis zu seiner Angst bekommen. Er sieht die Angst nicht mehr als seinen Feind, sondern als Chance, als ein Beitrag zu seiner Selbstfindung, zu seiner Persönlichkeitsentwicklung. Zusätzlich hat er gelernt, mit der Angst umzugehen. Er besucht sogar schon wieder einen Tanzkurs und weiß, daß er auch in absehbarer Zeit wieder arbeiten gehen wird und freut sich darauf. Mario weiß, daß er es schaffen wird, langsam, er hat Zeit!

Martin, 35 Jahre alt

Martins Geschichte beginnt vor etwa 14 Jahren. Damals wird im urplötzlich während eines Gottesdienstes schlecht. Er flüchtet aus der Kirche, weil er sich nicht vor allen Leuten übergeben will. Vor dieser Blamage hat er Angst – nur damals weiß er das noch nicht.

Danach ist ihm dauernd schlecht und übel, er nennt es ein ständiges Elendigkeitsgefühl. Martin kann aber nicht genau einschätzen, was es ist und wie man es in den Griff bekommen kann.

Im Laufe der Zeit bemerkt Martin, daß „es" unter bestimmten Bedingungen schlechter wird und unter anderen besser. So lernt er die Auslöser kennen und richtet sein Leben danach aus. Das funktioniert etwa vier Jahre ganz gut. Allerdings denkt Martin dabei nie an Angst. Er meint statt dessen, daß in seinem Körper etwas nicht stimmt und er deswegen immer sehr unruhig wird.

Plötzlich jedoch bekommt er einen starken Rückfall. Ihm wird übel, dazu kommen Herzrasen, Beklemmungen und Panikattacken. Von da an traut er sich nicht mehr aus dem Haus, leidet an Angstzuständen mit den beschriebenen Symptomen.

Zu diesem Zeitpunkt bekommt Martin das erste Mal ein Anti-Depressivum verordnet. Das Medikament verschlimmert die Symptome jedoch so stark, daß er zwei bis drei Tage später in die Notaufnahme einer Klinik eingeliefert wird.

Daraufhin setzt er das Medikament ab und bekommt statt dessen einen Tranquilizer verschrieben. Der wirkt sofort. Plötzlich ist Martin von allen Symptomen befreit. Er glaubt ein Medikament gefunden zu haben, das die Krankheit heilen kann. Doch das ist ein Irrtum. Statt dessen macht es wie alle Medikamente dieser Gruppe abhängig.

Das erklärt Martin auch seinem Arzt. Doch der informiert ihn darüber, daß er die Tabletten auf jeden Fall weiter nehmen müßte. Schließlich würde er keine Anti-Depressiva vertragen. Ansonsten, so prophezeit der Arzt, würde Martin unheilbar erkranken.

Aus lauter Angst nimmt Martin die Tabletten wieder und auch, wie verordnet, regelmäßig ein. Allerdings hat er immer noch Bedenken wegen der möglichen Abhängigkeit. So kommt es auch prompt dazu.

Nach vier bis sechs Wochen läßt die Wirkung nach, Martin braucht immer mehr des Mittels. Sie abzusetzen ist ihm nicht mehr möglich. Dann kehren die Symptome um das zehnfache verstärkt zurück.

Martin entschließt sich zum Entzug. Für dreieinhalb Monate geht er in eine Klinik. Es ist die Hölle für ihn. Nach dieser Zeit lernt Martin langsam mit den Ängsten zu leben, mit ihnen umzugehen. Er macht eine kognitive Verhaltenstherapie und lernt die Angst und die damit verbundenen Symptome auszuhalten und trotzdem aktiv am Leben teilzunehmen. Vier Monate später verschwinden seine Symptome mehr und mehr und sind nach einem halben bis dreiviertel Jahr fast vollständig verschwunden.

Leider hatte Martin vor zwei Monaten einen Rückfall und kämpft seither wieder gegen seine Ängste an. Aber im Gegensatz zu damals weiß er heute, woran er leidet, er sich durch Gedanken irgendwelche

Katastrophen ausmalt, die passieren könnten. Erst darauf reagiert der Körper mit den entsprechenden Symptomen. Das hat sich über Jahre eingeschlichen. Dadurch hat der Körper durch diese unbewußten Gedanken praktisch keine Wahl mehr gehabt, als so zu reagieren.

Inzwischen hat Martin gelernt, die Situationen anders zu bewerten, sich ihnen bewußt auszusetzen, die Gefühle dort auszuhalten. Mit der Zeit gewöhnt sich der Körper an die Symptome, sie lassen nach und verschwinden schließlich ganz.

Zum Zeitpunkt seiner ungewollten Tablettenabhängigkeit, hat Martin das alles nicht besser gewußt. Durch die Drohung des Arztes, daß er ohne Medikamente nie wieder seine Ängste loswerden würde, ist er in die Abhängigkeit der Tranquilizer geraten.

Auch heute betont Martin noch, daß er die Tabletten nie freiwillig genommen hat, sondern nur, weil der Arzt ihm solche Angst vor dem gemacht hat, was passiert, wenn er sie nicht nimmt.

Heute nimmt er ein Anti-Depressivum, das nicht abhängig macht, sondern nur die Symptome lindert. Momentan kämpft er nämlich wieder einmal stark mit einer Übelkeit, so daß er kaum etwas essen kann. Mit Hilfe dieses Medikaments hat Martin sie soweit im Griff, damit auch sicher gestellt ist, daß er körperlich bei Kräften bleibt.

Heute weiß er auch, daß er gegen die Angst trainieren, sich mit ihr auseinandersetzen muß. Außerdem muß er bewußt die Situationen aufsuchen, die ihm Probleme bereiten und die Angst dort aushalten. So befindet er sich momentan wieder mitten in einer Verhaltenstherapie.

Aus dem Blickwinkel anderer Menschen, erscheint die Person, die in Angst lebt, oft überheblich und arrogant, so als würde sie sich über alles andere setzen. (Dabei wäre das ein äußerst marodes Fundament!)

Doch die Mitmenschen können das wahre „Ich" der anderen Person nicht erkennen, weil sie sich verschließt und sich mit Undurchdringlichkeit umgibt.

Darum ist es auch so schwer den Grund (den maroden Untergrund) zu erkennen.

Uschi Broichhagen, 2001

Monika, 30 Jahre alt

Heute hat Monika gelernt, ihr Leben neu einzurichten. Sie hat den ungeliebten Beruf aufgegeben, eine zerrüttete Ehe beendet. In der Beziehung zu ihrer Mutter hat sie die richtige Ebene gefunden.
Ganz beschwerdefrei ist Monika nicht. Aber die Behandlung bei einer qualifizierten Psychotherapeutin und ihr eigener Wille, den richtigen Weg aus der Panik zu finden, haben ihr geholfen. Sie hat aus dem tiefen Tal der Angst herausgefunden und ihr Leben in neue Bahnen gelenkt.
Aus Erzählungen ihrer Eltern weiß Monika, daß sie bereits im Alter von nur eineinhalb Jahren Beklemmungszustände bekommt, wenn es darum geht, in einem Aufzug zu fahren. Auch auf Spinnen reagiert sie extrem empfindlich. Dann ist sie nur mit Mühe wieder zu beruhigen.
Sicherlich sind diese beiden Faktoren alleine noch kein sicherer Hinweis auf das Entstehen einer Panikstörung, weil sie die Lebensqualität nur begrenzt beeinflussen. In einem anderen Licht erscheinen diese beiden Episoden aus Monikas frühester Kindheit erst, als sich bei ihr tatsächlich mit 25 Jahren Panikattacken einstellen.
Damals, im Herbst des Jahres 1996, ist Monika mit ihrem Leben mehr als unzufrieden. Nach einer Ausbildung im öffentlichen Dienst ist sie zur Beamtin auf Lebenszeit ernannt worden. Kein Beruf, den sich Monika erträumt hat. Lieber wäre sie nach einer guten Mittleren Reife in einer Lehre als Schreinerin aufgegangen.

Doch die Ausbildungsplatzsituation im Jahr 1990 und die mangelnde Akzeptanz weiblicher Lehrlinge im handwerklichen Bereich machen diesen Traum zunichte. So arrangiert sich Monika mit den gegebenen Möglichkeiten.

Anfänglich arbeitet sie in einem Büro mit hauptsächlich männlichen Kollegen. Die Arbeit ist interessant, das Betriebsklima gut. Dann wird sie versetzt. Monika muß sich neu einarbeiten. Das Aufgabengebiet kann nicht ihr Interesse erwecken. Von den fast ausschließlich älteren Kollegen wird sie fast ausschließlich als Schreibkraft eingesetzt. Monika fühlt sich unterfordert.

Außerdem verwechseln die zumeist weiblichen Mitarbeiter das Büro mit einer Modenschau. Sie sind auf Äußerlichkeiten fixiert. Kompetenz und Kollegialität spielen keine Rolle. Monika findet keinen Platz in dieser Gemeinschaft. Sie kann sich nicht etablieren.

Hinzu kommen persönliche Probleme. Ihre erst im Vorjahr geschlossene Ehe mit einem 18 Jahre älteren Partner ist nicht glücklich. Der Ehemann kämpft mit Alkoholproblemen. Monika ist sich dieser Tatsache schon vor der Hochzeit bewußt. Sie versucht jedoch immer wieder, ihm beizustehen und ihn von der Droge zu lösen. Doch ihre Bemühungen sind vergeblich. Ihre Hoffnung, ihn durch die Heirat auf den richtigen Weg zu bringen, erfüllt sich nicht.

Es ist gegen Mitternacht des 23.10.96, als Monika ihren ersten Panikanfall bekommt. Sie ist alleine in der Wohnung, als sie plötzlich von einer großen Unruhe befallen wird. Ihr Hals ist ausgetrocknet, der Mund ebenso. Sie holt sich etwas zu trinken und wandert ruhelos durch die Räume. Der Puls wird immer schneller. Ihr ist schwindelig, heiß. Sie leidet unter Schweißausbrüchen, einem inneren Zittern.

Monika wartet ab, hofft, daß diese für sie unwirkliche Situation bald zu Ende geht. Sie zieht in Erwägung, den Notarzt zu rufen, unterläßt es dann doch. Nach mehr als vier Stunden kann Monika weinen, die Spannung läßt nach. Sie fühlt sich besser, der erste Anfall ist vorbei.

Nach einer kurzen Erholungsphase fährt Monika zur Arbeit. Sie tut dort so, als ob nichts gewesen sei, erzählt niemanden von dem Erlebnis dieser Nacht. Monika selbst weiß das was ihr passiert ist nicht einzuordnen. Immer wieder fragt sie sich, was das gewesen sein soll und kann doch keine Erklärung finden.

Vierzehn Tage später wiederholt sich der Vorgang während einer Fortbildungsveranstaltung. Monika kann das Ereignis diesmal nicht vertuschen. Daher entschließt sie sich, der Sache auf den Grund zu gehen und ihren Hausarzt zu konsultieren.

Die Fahrt dorthin mit der U-Bahn ist der blanke Horror. Monika hofft inständig, nicht umzufallen, nicht das Bewußtsein zu verlieren. Sie ist froh, als sie endlich die Praxis erreicht.

Die Sprechstundenhilfe erkennt auf Anhieb, in welchem Zustand Monika sich befindet und kümmert sich sofort um sie. Auch ihr Arzt geht auf sie ein und kann ihr in dieser Situation durch seine Ruhe und vor allem durch seine bloße Anwesenheit helfen.

Der Panikanfall ist vorbei. Dennoch kann sich Monika nicht entschließen, die Arztpraxis zu verlassen. Sie fühlt sich dort geborgen und möchte die ganze Zeit an diesem Ort verbringen, um eine weitere Angstattacke zu verhindern. Daß das auf Dauer nicht möglich ist, weiß sie. Doch noch Monate später fühlt sie sich sicherer, sobald sie irgendwo einen Hinweis entdeckt, daß sich eine Arztpraxis in der Nähe befindet.

Nach gründlichen körperlichen Untersuchungen und einer schnellen Überweisung zu einer qualifizierten Neurologin steht die Diagnose „Panikattacken" innerhalb von nur sechs Wochen. Während dieser Zeit verschreibt der Hausarzt Monika Tranquilizer, um ihr nachts ein Durchschlafen ohne erneuten Panikanfall zu ermöglichen.

Danach beginnt die Neurologin mit der Behandlung mittels Anti-Depressiva. Innerhalb kurzer Zeit bessert sich der Zustand von Monika so, daß eine mit der Neurologin kooperierende und auf Angstzustände spezialisierte Psychologin mit der Therapie beginnen kann.

Es ist eine lange Entwicklung, die Monika mit Hilfe der Psychotherapeutin macht.

Sie erkennt, daß die Ursachen für ihre Panikattacken in ihrem Verhältnis zur Mutter zu finden sind. Außerdem hat Monika nie gelernt, mit ihren Gefühlen umzugehen, sie als Bestandteil ihrer Persönlichkeit zu respektieren, ihnen einen Raum in ihrem Leben einzuräumen und sich von ihnen leiten zu lassen.

Monika berichtet heute, daß ihre Mutter ihr nie die Gelegenheit gegeben hat, aus ihrem Schatten zu treten. Alles, was Monika anfaßt, worin sie sich versuchen will, wird von der Mutter kommentiert und abwertend behandelt.

Der Vater wagt es nie, der Mutter zu widersprechen. In deren Beisein stellt er sich nie auf die Seite von Monika. Geschwister, die für sie Partei ergreifen könnten, gibt es nicht.

Ist Monika jedoch mit ihrem Vater alleine, ist das Verhältnis gut. Er bringt Verständnis für sie auf, unterstützt ihre Bemühungen. Doch gegen seine dominante Frau kommt er nicht an.

Kein Wunder also, daß die Mutter von Monika auch kein Verständnis für deren Erkrankung aufbringt. Sie versteht die Panikattacken und Phobien nicht als Aufbäumen der Seele ihrer Tochter. Im Gegenteil, Monikas Mutter fühlt sich als das eigentliche Opfer. Sie selber ist mit Anfang 60 kerngesund und vital und möchte wegen der Erkrankung ihrer Tochter bedauert werden, Aufmerksamkeit erlangen. Eine Beachtung, die eigentlich ihrer Tochter zusteht und die dieser vorenthalten wird.

Monika lernt langsam, daß ihre Ehe nur eine Flucht war. Ihr Mann ist genauso dominant wie die Mutter und möchte genauso, daß sich alles um ihn dreht. In dieser Beziehung muß Monikas Seele verkümmern.

Auch wenn Monika schnell erkennt, wo die Ursachen ihrer Angstsymptome zu finden sind, ist es ein langer Weg, bis sie zu einer Beschwerdefreiheit findet. Konsequenterweise trennt sie sich schon bald nach Therapiebeginn von ihrem Mann. Statt sich danach eine Phase der Ruhe zu gönnen, beginnt sie eine Affäre nach der anderen.

Sie ist auf der Flucht und kann das, was sie in der Psychotherapie über sich erfährt, nicht einordnen. Statt dessen hetzt Monika durch das Leben. Geborgenheit erfährt sie in dieser Zeit nur in „ihrer" Gruppe. Die Psychologin hat Monika neben den Einzelstunden noch eine Gruppentherapie verordnet. Hier lernt sie Gleichgesinnte kennen. So hat sie nicht das Gefühl, auf dieser Welt alleine mit ihrem Problem zu stehen.

Hier fühlt sich Monika wohl. Alle klagen über die selben oder zumindest ähnliche Symptome, haben eine vergleichbare Vorgeschichte hinter sich.

Monika berichtet heute, daß es sich unter Gleichgesinnten leichter über Ausmaß und Wirkung der Panik reden läßt. Außerdem gibt ihr die Gruppe einen gewissen Schutz und Geborgenheit, da die Umwelt sehr verständnislos reagiert. Auch die nächsten Familienmitglieder reagieren bei dem Wort „Panik" sehr befremdlich oder setzen Psychotherapie mit dem Aufenthalt in einer geschlossenen Anstalt gleich.

Langsam lernt Monika immer besser auf ihre Gefühle einzugehen, erste Warnsignale zu erkennen und die Notbremse zu ziehen, ihren Weg zu gehen. Irgendwann hat sie den Punkt erreicht, an dem sie erkennt, daß sie auch auf beruflicher Ebene mit ihrem früheren Leben brechen muß.

Zum großen Schrecken ihrer Eltern gibt sie die sichere Beamtenlaufbahn auf und bewirbt sich als Bodenstewardess auf einem Flughafen. Damit hat sie einen entscheidenden Schritt hin zur Überwindung ihrer Panikattacken gemacht.

Der Beruf füllt sie aus. Jeden Tag begegnen ihr Dutzende Menschen. Immer wieder muß sie sich auf neue Situationen einstellen. Genau das ist es, wonach sich Monika immer gesehnt hat. Sie wird gefordert und noch wichtiger, ihre Tätigkeit wird anerkannt.

Selbst die Aussicht auf Schichtdienst, der Streß, der in diesem Beruf oftmals nicht zu vermeiden ist und auch die vielen Menschen um sie herum können Monika nicht erschrecken. Im Gegenteil, sie fühlt sich wohl in diesem Umfeld.

Auch privat macht sie eine deutliche Veränderung durch. Monika erkennt, daß sie sich bisher immer dem für sie falschen Typ Mann zugewendet hat. Jetzt lernt sie einen Partner kennen, der sie liebt und respektiert. Was noch wichtiger ist, er versucht nicht, ihr Vorschriften für ihr Leben zu machen. Statt dessen hält er ihr Freiräume und Entwicklungs-möglichkeiten offen. Nur noch in einem Aspekt ähnelt er Monikas früheren Partner. Auch er ist einige Jahre älter als seine Lebensgefährtin.

Wenn die Panik Monika heute noch einmal über-mannt, gelingt es ihr, ihr ohne Medikamente ent-gegenzuwirken. Außerdem erkennt sie heute leich-ter, welche Ursache die aufgetretene Attacke hat und ist in der Lage, ihren Lebensweg entsprechend zu korrigieren.

Zu den Eltern hat sie heute ein freundschaftliches, wenn auch etwas distanzierteres Verhältnis und kommt gut damit klar.

Monika ist heute dankbar für ihre Panikattacken. Sonst, so glaubt sie, hätte sie weiterhin gelebt, ohne auf ihre Ängste und Nöte, vor allem aber auf ihre

Seele, Rücksicht zu nehmen. Sie lebt heute bewußter und ist dem Schicksal eigentlich dankbar, da es ihr so eine Möglichkeit eingeräumt hat, ihr Leben noch einmal neu zu ordnen.

Simone, 32 Jahre alt

Der Grundstein für ihre Angsterkrankung wurde bei Simone schon in frühesten Jugend gelegt. Der Vater ist Alkoholiker. Die Mutter läßt immer wieder ihren Frust und ihre Enttäuschungen an Simone aus. Sie gibt ihr oft genug zu verstehen, daß sie nicht erwünscht ist.

Damit will die Mutter Simone verletzen. Schließlich ist sie die Tochter des Mannes, der ihre eigenen Vorstellungen von einer glücklichen Familie zerstört hat.

So gibt sie Simone die ganzen Jahre über das Gefühl, ein Nichts zu sein, keinen Wert im Leben zu haben. Die Mutter schreibt ihr genau vor, wie sie sich zu verhalten hat. Sie darf keine anderen Kinder mit nach Hause bringen, so daß sie den Umgang mit anderen Menschen hätte lernen oder Freunde gewinnen können.

Simone vereinsamt und hat als Vorbild nur ihre Mutter, die nie glücklich und zufrieden in ihrem Leben war. Diesen Zustand projiziert sie auch auf ihre Tochter. Wenn sie es in ihrem Leben zu nichts gebracht hat und auch nicht die Kraft findet, sich von ihrem Mann zu trennen, soll es Simone auch nicht besser ergehen. Als noch besser empfände sie es allerdings, wenn ihre Tochter sich von vornherein von Männern fernhielte, nicht heiraten würde und auch keinen eigenen Nachwuchs bekäme.

Mit 18 Jahren beschließt Simone dennoch, daß es an der Zeit wäre, den Schritt in ein eigenes Leben zu beginnen. Sie geht öfters aus, um unter Leute zu kommen. Tatsächlich lernt sie jemanden kennen. Allein schon die Tatsache, daß sie sich plötzlich für Jungen interessiert, reicht der Mutter, um noch hysterischer und zänkischer zu werden.

Als Simone ihren zweiten Freund kennenlernt und ihre Freizeit fortan mehr mit ihm als in der elterlichen Wohnung verbringt, verlangt die Mutter von ihr, sofort auszuziehen. Sie wisse ja jetzt, wohin sie gehen könne.

Mit diesen Worten ist Simone entlassen. Sie findet Unterschlupf bei dem Mann, den sie selbst erst seit kurzem kennt und mit dem sie eigentlich gar keine Zukunftspläne hat.

Simone verläßt ihr elterliches Heim mit dem festen Plan, sich kurzfristig eine eigene Wohnung zuzulegen. Doch leider schafft sie es nicht, rechtzeitig den Schlußstrich unter diese Freundschaft zu setzen und sich auf eigene Beine zu stellen.

So verbleibt sie vier Jahre lang in dieser Beziehung. Die Erziehung daheim hat das ihrige dazu beigetragen, daß Simone glaubt, nicht alleine für sich aufkommen zu können. So bringt sie auch nicht den Mut zur Trennung auf.

Nach dreijähriger Partnerschaft bekommt Simone die ersten Symptome. Herzrasen, Schwindelgefühle, Angstzustände stellen sich ein. Der Partner entpuppt sich zwischenzeitlich als Alkoholiker, der sie unter einen regelrechten Psychoterror setzt und sehr brutal gegenüber Simone ist.

Erste Arztbesuche folgen. Simone ist fest davon überzeugt, unter einer körperlichen Erkrankung zu leiden. Die Ärzte können nichts feststellen. Sie schaffen es aber auch nicht, die Diagnose

„Panikattacken" zu stellen. Durch eine Broschüre, die in einer Arztpraxis ausliegt und einen Fernsehbericht zum Thema, entdeckt Simone, was mit ihr los ist.

Ihr erster Versuch einer geeigneten Psychotherapie scheitert. Die Wartefrist von sechs Monaten schreckt Simone ab, so daß sie zunächst einmal versucht, sich selber zu helfen.

Nach einem Jahr muß sie erkennen, daß es so nicht weitergehen kann. Sie verläßt immer seltener das Haus. Zuletzt traut sie sich nur noch in Begleitung ihres neuen Partners vor die Tür. Ihn hat sie durch Zufall kennengelernt. Erst durch ihn schafft sie den endgültigen Bruch mit ihrem ehemaligen Freund.

Letztendlich ist Simone auch nicht mehr in der Lage, ihrem Beruf nachzugehen und beantragt eine Erwerbsunfähigkeitsrente. Der erste Rentenantrag scheitert. Nachdem sie Einspruch eingelegt hat, wird Simone zur Kur geschickt.

Den Aufenthalt dort empfindet sie wie eine Zwangsbehandlung. Die Therapie, die dort durchgeführt werden soll, scheitert entsprechend. Sie ist nicht ausreichend motiviert.

Im Ergebnis wird die Rente zum zweiten Mal abgelehnt. Das Argument der Versicherungsanstalt ist, daß die Angstzustände bei Simone nicht stark genug wären, da sie sich ansonsten nicht gegen die Behandlung während der Kur gewehrt hätte. Simone bekommt die Auflage einer ambulanten Therapie.

Es ist schwierig für sie, eine geeignete Psychologin zu finden. Simone ist dennoch erfolgreich und kann nach drei Monaten endlich beginnen.

Anfänglich hat sie Angst vor den Stunden. Sie befürchtet, daß die Therapeutin gleich richtig einsteigen und sie einer knallharten Konfrontationstherapie unterzogen würde. Schnell erkennt Simone jedoch, daß dem nicht so ist. Die ersten Gespräche dienen der Einführung. Diese hat den Zweck, daß sich Patientin und Therapeutin zuerst näher kennenlernen sollen. Dann entscheidet die Psychologin, ob eine Behandlung überhaupt sinnvoll erscheint.

Zwischenzeitlich hat Simone gegen die zweite Ablehnung der Rente geklagt und erreicht die befristete Berentung. Vielleicht wird ihr diese auch gewährt, weil sie sich gerade zur ambulanten Therapie entschlossen hat.

Obwohl die Psychologin meint, Simone wäre ein besonders schwieriger Fall, versucht sie dennoch, ihr zu helfen. Die beiden beginnen mit einer Gesprächstherapie. In deren Verlauf wird zunächst geklärt, woher Simone ihre Angstzustände hat. Sie berichtet auch über ihre bisherigen Bemühungen, der Panik Herr zu werden. Dann klärt die Psychotherapeutin Simone darüber auf, wie sie mit solchen Paniksituationen fertig werden kann.

Für Simone ist dies alles sehr lehr- und hilfreich. Endlich kann sie sich selbst und ihre Ängste besser verstehen. Nach den vielen Gesprächen möchte die Therapeutin mit Simone zusammen die Praxis verlassen und das erlernte Wissen in die Tat umsetzen. Simone ist einverstanden und so fahren die beiden jede Woche eine Stunde lang in ein Kaufhaus und trainieren dort Stück für Stück.

Eigentlich klappt das sehr gut. Aber auch nur, weil die Psychologin immer in der Nähe bleibt und Simone Sicherheit gibt.

Eines Tages eröffnet ihr die Therapeutin, daß Simone fortan alleine zu den Sitzungen bei ihr kommen soll. Daran scheitert letztendlich die ganze Behandlung, denn hierzu kann sich Simone nicht überwinden.

Die Psychologin schlägt Simone vor, die Therapie für einige Zeit zu unterbrechen. In der Zwischenzeit soll Simone darüber nachdenken, ob sie unter den Bedingungen, die die Therapeutin gestellt hat, weitermachen will oder es noch einmal mit einer stationären Behandlung versucht.

Das alles liegt schon eine Weile zurück. Bis heute hat sich nichts mehr getan. Simone ist immer zu Hause und traut sich nur aus dem Haus, wenn ihr Partner sie begleitet.

Für einen weiteren Therapieversuch fehlt ihr der Mut und auch der Wille zum Durchhalten. Die Erwerbsunfähigkeitsrente wurde zwischenzeitlich verlängert. Simone glaubt jedoch nicht, daß die Rentenversicherungsanstalt das auf Dauer mit sich machen läßt. Sie weiß aber auch selbst nicht, was sie machen soll.

Hinzu kommt eine körperliche Erkrankung. Seit frühester Jugend leidet sie an Diabetes. Wenn sie Panikattacken bekommt, weiß sie oftmals nicht, ob es sich um eine Unterzuckerung handelt oder um ihre Angstzustände. Daher hält sie ihren Blutzuckerspiegel künstlich hoch. Sie hat Angst vor einem Zuckerschock und davor, daß sie diesen nicht rechtzeitig deuten kann, sondern statt dessen als Angstsymptom „übersieht".

So befindet sich Simone in einer mißlichen Lage, aus der sie nur selber den Ausweg finden kann. Vielleicht - indem sie sich doch noch einmal zu einer Therapie überwinden kann.

Ilona fiel auf die Frage zum Thema Angst: „Welches Bild kommt Dir dabei in den Sinn?" spontan eine Person ein, die in einem gebrochenen Herzen eingeschlossen ist.

Das fand ich so toll, denn Kinder leben heutzutage oft auch schon in Angst, speziell in Versagensängsten. Diese wiederum können sehr leicht zur Grundlage für Angstzustände im Erwachsenenleben sein.

Uschi Broichhagen, 2001

P.S. Der Mensch ist zwar im Herzen eingeschlossen, hält sich selber aber auch darin fest, wie es unbewußt viele ängstliche Menschen tun, sich selber in der Angst halten, statt das Leben in die Hand zu nehmen.

Susanna, 37 Jahre alt

Susannas Probleme beginnen vor ziemlich genau zwei Jahren. Damals ist sie Hausfrau und Mutter eines einjährigen Sohnes. Zusätzlich arbeitet sie für ein bis zwei Tage in ihrer alten Firma.
Die erste Panikattacke hat sie an einem Freitag vormittag. Susanna ist stark erkältet. Mit dem Abklingen der Erkältungssymptome verstärkt sich ein allgemeines Unwohlsein, das sie sich nicht erklären kann. Sie nimmt sich vor, damit zum Arzt zu gehen, wenn es sich über das Wochenende nicht bessert.
Als Susanna am späten Vormittag ihren Sohn aus dem Bett nehmen möchte, wird ihr „komisch". Ihr ist speiübel, das Herz rast und sie kann sich nicht mehr auf den Beinen halten. Angst steigt in ihr auf. Was ist das? Ein Herzinfarkt, ein Schlaganfall oder eine Lungenembolie?
Schließlich weiß sie genau, daß sie nach einer Thrombose nicht mehr rauchen soll. Gerade im Moment hat sie jedoch eine Zigarette ausgemacht. Außerdem – sie ist alleine mit ihrem Kind.
Glücklicherweise kommen in diesem Augenblick Susannas Eltern vom Einkaufen zurück. Sie bittet ihre Mutter den Hausarzt anzurufen. Der bittet darum, sie in die Praxis zu bringen, da ihm dort bessere Möglichkeiten für eine Untersuchung zur Verfügung stehen.
Als Susanna in seiner Praxis eintrifft, geht es ihr langsam besser. Dennoch wird sofort ein EKG gemacht, um einen Herzinfarkt auszuschließen.

Festgestellt wird nichts. Lediglich der Blutdruck ist anfänglich noch ein bißchen hoch, sinkt aber in der kommenden Viertelstunde auf Normalwerte.

Ihr Hausarzt rät Susanna, die ganze Angelegenheit einfach zu vergessen. Wahrscheinlich wären es nur Kreislaufprobleme gewesen. Der Rest wäre dann aus der Angst heraus entstanden.

Vermutlich hat der Mann aber zu diesem Zeitpunkt schon den richtigen Gedanken bezüglich der Ursache. Er verschreibt Susanna ein pflanzliches Beruhigungsmittel. Sie nimmt es nicht, da sie nicht versteht, wozu es gut sein soll.

So fährt sie wieder nach Hause, legt sich für zwei Stunden aufs Sofa. Danach fühlt sie sich, als ob nie etwas gewesen wäre.

In den nächsten zwei Monaten passiert nicht viel. Gelegentlich fühlt Susanna sich ein bißchen komisch. Es ist ein Gefühl, das sie bis heute nicht näher beschreiben kann. Manchmal wird ihr schwindelig, aber nur für wenige Sekunden.

Der nächste Anfall kommt einen Tag vor Weihnachten. Wieder ist Susanna alleine in der Wohnung. Sie macht sauber. Ihr wird wieder übel und ein bißchen schwindelig, aber so, daß sie ihrer Tätigkeit weiterhin nachgehen kann.

Als Susannas Eltern vom Einkaufen zurückkehren, ist sie beruhigt. Sie geht zu ihnen, um Kaffee zu trinken. Plötzlich trifft sie der nächste Anfall. Wieder wird ihr schwindelig, das Herz rast, sie bekommt keine Luft mehr... Vor allem ist ihr sehr schlecht und sie hat das Gefühl, sich übergeben zu müssen.

Die Vertretung des Hausarztes kann nichts feststellen. Er verschreibt ein Medikament gegen den

Schwindel und ein weiteres gegen die Übelkeit und empfiehlt eine genaue ärztliche Abklärung nach den Feiertagen. Mit Hilfe der Medikamente schleppt sich Susanna über die Weihnachtstage. Mal fühlt sie sich ein paar Stunden besser, mal geht es ihr sehr schlecht.

Schon einen Tag nach den Feiertagen sitzt sie wieder beim Arzt. Diesmal hat sie eine Mandelentzündung, die sie mehrere Tage ans Bett fesselt. Auch die ist verbunden mit Panikattacken, die Susanna allerdings als Kreislaufprobleme abtut und mit den Halsbeschwerden in Verbindung bringt.

Zu Beginn des neuen Jahres folgen Blutuntersuchungen, die jedoch keine Lösung bringen. Alle Werte befinden sich im Normalbereich. Der Hausarzt schlägt Susanna vor, Fachärzte zu konsultieren, da der Schwindel auf die unterschiedlichsten Ursachen zurückgehen könnte. Sie erklärt sich einverstanden, bekommt nur einen Schreck, als sie auch zum Kardiologen soll. Bisher ist ihr noch nicht der Gedanke gekommen, daß auch hier die Ursache liegen könnte.

Zum Kardiologen muß Susanna in die nächste Großstadt, circa 20 Kilometer entfernt. Ein unbestimmtes Gefühl hält sie davon ab, alleine mit dem Auto zu fahren. Sie traut es sich nicht zu und bittet ihren Mann, sie zu begleiten.

Die Untersuchung ergibt eine leichte Mitralklappeninsuffizienz, die aber nicht als Ursache für die Schwindelanfälle verantwortlich sein kann. Susanna ist erleichtert. Eigentlich war sie sich aber von vornherein darüber im klaren, daß die Ursache nicht hier zu suchen ist.

Kurz danach bekommt Susanna ihren bis dahin heftigsten Schwindelanfall. Mühselig kann sie sich noch die Treppen zur Mutter herunterschleppen, da sie das Gefühl hat, nicht mehr allein sein zu können. Immer, wenn sie versucht aufzustehen, wird ihr wieder übel und schwindelig. So geht es den ganzen Nachmittag über.

Der Hausarzt, den sie noch vor der Sprechstunde um einen Hausbesuch gebeten hat, kann keine Ursache finden. Die Mutter, die eigentlich den Vater im Krankenhaus besuchen will, bleibt den ganzen Nachmittag bei ihr, bis Susannas Mann von der Arbeit nach Hause kommt. Susanna traut sich nicht, alleine mit dem Kind zu Hause zu bleiben. Noch zwei weitere Tage verbringt sie anschließend vollständig im Bett.

Zwei Tage später ist es wieder die Mutter, die Susanna diesmal zum Neurologen begleitet. Alleine ist sie nicht in der Lage zu gehen, so schwindelig und übel ist ihr. Der Neurologe kann ebenfalls nichts feststellen. Er vermutet aber den Ausfall des Gleichgewichtsorgans im Innenohr. Der Hals-Nasen-Ohren-Arzt bestätigt die Diagnose. Es bleibt jedoch ein Restzweifel, da nicht alle Ergebnisse eindeutig sind.

Susanna ist glücklich, als sie endlich erfährt, was sie wirklich hat. Ausgerüstet mit Tabletten und Anleitungen für Gymnastikübungen, die gegen den Schwindel helfen sollen, wird sie vom Hals-Nasen-Ohren-Arzt entlassen. Ferner erhält sie den Hinweis, sich möglichst viel zu bewegen, auch wenn es ihr schlecht geht, so daß der Schwindel nachlassen und dann verschwinden könnte. Der

Doktor erklärt ihr, daß so das Gleichgewichtsorgan auf der anderen Seite die Aufgaben des ausgefallenen mit übernehmen könnte. Susanna ist überzeugt, daß es ihr schon bald besser gehen wird.

Doch leider ist das ein Trugschluß. In den kommenden Nächten bekommt Susanna kaum Schlaf. Immer in der Einschlafphase hat sie das Gefühl, in ein bodenloses Loch zu fallen und nur das Wachwerden kann diesen Fall beenden. Jedes Mal wacht sie mit Schwindel und Herzklopfen auf.

Sie ist froh, wenn die Nacht endlich zu Ende ist und das, obwohl die Tage nicht viel angenehmer sind. Irgendwie kommt sie mit Hilfe der Medikamente über die Runden. In den kommenden 14 Tagen bessert sich ihr Zustand langsam.

Parallel dazu konsultiert sie einen Orthopäden. Sie hat das Gefühl, an ihrer Halswirbelsäule sei etwas nicht in Ordnung. Und tatsächlich – ein Wirbel ist nicht dort, wo er eigentlich hingehört. Wieder keimt in ihr die Hoffnung, daß es jetzt endgültig besser wird.

Circa zweieinhalb Wochen später fahren die Eltern von Susanna zur Rehabilitation. Es hat sich herausgestellt, daß ihr Vater wieder einen Herzinfarkt erlitten hat. Schon vor deren Abreise ist ihr mulmig zumute. Sie hat Angst. Schließlich hat ihr die Mutter in der letzten Zeit tatkräftig zur Seite gestanden und sie überall unterstützt.

Jetzt ist Susanna alleine mit ihrem Sohn und ihren Problemen. Prompt tritt schon einen Tag nach der Abreise der erste Schwindelanfall auf. Der Hals-Nasen-Ohren-Arzt kann nur sagen, daß das Gleichgewichtsorgan immer noch ausgefallen ist oder schon wieder. Er fragt Susanna, ob eventuell Streß der Auslöser sein könne. Sie verneint, da sich ihr Wissen über Streß zum damaligen Zeitpunkt darauf beschränkt, zu glauben, daß der gleichbedeutend sei mit Hektik und Zeitmangel und daran leidet sie mit Sicherheit nicht.

Nach und nach stabilisiert sich ihr Zustand wieder. Susanna hat aber nach wie vor mit dem Alleinsein enorme Probleme. Sowohl ihre Patentante als auch die Schwiegereltern unterstützen sie und besuchen sie mehrmals wöchentlich, um ihr zu helfen.

Susanna hofft, daß es wieder besser gehen wird, sobald die Eltern aus der Kur zurück sind. Aber auch das bestätigt sich nicht.

In der folgenden Zeit läuft Susanna von Arzt zu Arzt. Heraus kommt nichts, das ihre Beschwerden erklärt, bis auf eine vergrößerte Schilddrüse. Außerdem scheint ihr Immunsystem zu schwächeln. Sie ist fast permanent erkältet oder hat Mandelentzündungen.

Der Arzt schiebt das auf die ebenso häufigen Infektionen des Sohnes. Hinzu kommen ständig abgebrochene Zähne, so daß sie auch noch Stammgast beim Zahnarzt wird.

Nach vier Monaten kann der Hals-Nasen-Ohren-Arzt nur noch mit dem Kopf schütteln. Ihm ist unverständlich, warum Susanna nach wie vor an Schwindelanfällen leidet. Eigentlich hätte sich bis heute alles wieder geben müssen. Der Arzt ist machtlos, er kann nicht mehr weiterhelfen.

Susanna sucht einen weiteren Hals-Nasen-Ohren-Arzt auf. Dieser kommt zum gleichen Ergebnis wie sein Kollege.

Im Verlauf der nächsten Monate lernt Susanna mehr oder weniger gut mit den ständigen Schwindelanfällen zu leben. Die Schübe treten nicht mehr ganz so häufig auf. Dafür hat sie das Gefühl, wie betrunken durch die Gegend zu laufen. Des weiteren treten mehrfach Probleme mit herausgesprungenen Wirbeln auf. Der Orthopäde glaubt aber nicht, daß hier die Ursache für ihre Schwindelanfälle liegt.

In der Zwischenzeit erfährt Susanna, daß auch einer der beiden Kollegen, die während ihrer „ursächlichen Erkältung" krank gewesen sind, immer noch an Schwindelanfällen leidet. Handelt es sich vielleicht um einen Virus, der den beiden zu schaffen macht? Das wäre vielleicht eine Erklärung, warum kein Arzt die Ursache findet.

Jetzt beschließt Susanna, einen Versuch mit Akupunktur zu wagen. Sie hat von einer Kollegin gehört, die damit sehr gute Erfolge erzielt hat. In dem Orthopäden, der sich gleichzeitig mit Homöopathie und Traditioneller Chinesischer Medizin beschäftigt, hat sie einen Arzt gefunden, zu dem sie volles Vertrauen hat.

Der Schuß geht nach hinten los. Bereits nach der ersten Akupunkturbehandlung bekommt sie einen Anfall, den sie im nachhinein als Panikattacke bezeichnen würde. Zum ersten Mal steht nicht mehr der Schwindel, sondern Herzrasen, Atemnot und ein undefinierbares Gefühl, die nächsten Stunden nicht mehr zu überleben, im Vordergrund.

Der diensthabende Notarzt meint am Telefon lediglich zu Susanna, daß es sich wohl um Herzrasen infolge von Schwindel handeln würde und rät ihr dazu, ihre Tabletten zu nehmen. Danach, so glaubt er, würde es besser werden. Sie braucht drei Stunden, bis sie sich einigermaßen beruhigt hat.

Der Orthopäde, der die Akupunktur durchführt, vermutet hinter der Attacke eine ungewöhnlich starke Erstverschlimmerung und verschreibt zusätzlich homöopathische Mittel und führt die Behandlung fort. Der „Erfolg" ist der gleiche. Die Akupunktur muß nach drei Sitzungen vorübergehend abgebrochen werden.

Auf Anraten des Orthopäden begibt sich Susanna wieder in die Behandlung eines Hals-Nasen-Ohren-Arztes. Da die beiden Ärzte, die sie bisher behandelt haben, in Urlaub sind, geht sie zu einer anderen Ärztin. Die stellt sich als Glücksgriff heraus. Sie stellt fest, daß die beiden Kollegen nicht alle Untersuchungen durchgeführt haben und so zu einem falschen Ergebnis gekommen sind. In Wirklichkeit arbeitet das Gleichgewichtsorgan manchmal in gewissen Bandbreiten und manchmal nicht. Dieser ständige Wechsel bringt es so durcheinander, daß der Schwindel immer wieder auftritt.

Wieder freut sich Susanna. Sie glaubt wieder einmal, die Lösung des Rätsels gefunden zu haben. Dennoch hat sie Angst, daß sich das jetzt bis an ihr Lebensende so fortsetzen wird. Daher wird die Akupunktur fortgesetzt, bis der Arzt in Urlaub geht.

In dieser Zeit verschlechtert sich der Zustand von Susanna wieder. Immer mehr wird die Angst zu einem Problem. Aber ihre Beschwerden sind so diffus, daß sie gar nicht weiß, wie sie sie dem Arzt schildern soll. Außerdem hat sie das Gefühl, daß ihr Hausarzt nicht weiter an ihr interessiert ist. Susanna weiß nicht mehr, ob sie zu einem Arzt gehen soll und wenn ja zu welchem. Ihr Mann ist keine Hilfe. Er kann nicht verstehen, daß sie nicht in der Lage ist zu entscheiden, ob sie einen Arzt benötigt oder nicht.

Immer häufiger hat Susanna das Gefühl, sterben zu müssen. Alleine zu sein ist ihr unmöglich geworden. Sie ist nicht in der Lage, draußen die Wäsche aufzuhängen. Vielleicht hätte sie ja den Weg zurück zum Telefon nicht mehr geschafft, wenn sie dort zusammengebrochen wäre.

Selbst das Rauchen gibt Susanna auf. Sie hat bei jeder Zigarette Angst, daß sie doch Durchblutungsstörungen im Gehirn hat und davon der Schwindel ausgelöst wird. Vielleicht kann also die nächste Zigarette einen Schlaganfall auslösen? Bald ist sie soweit, daß sie nach jeder Zigarette eine Panikattacke bekommt. Bis heute hat sie keine mehr angefaßt aus Angst, daß dadurch der nächste Anfall ausgelöst wird und das will sie schließlich auf keinen Fall.

Ihr Horrorerlebnis hat sie in einem Vogelpark, den sie an einem heißen Sommertag mit ihrer Familie besucht. Als sie nichtsahnend um die Ecke biegt, liegt dort eine junge Frau leblos am Boden. Der Notarzt kümmert sich um sie. Dieser Anblick ist für sie wie der leibhaftig gewordene Alptraum. Genau das hat sie doch immer befürchtet. Wenn das nun ihr passiert wäre?

Den Besuch im Park müssen sie daraufhin abbrechen. Susanna hält es vor Angst nicht mehr aus. Sie hat nur noch den Wunsch, zum Arzt zu gehen. Am liebsten würde sie sich in ein Krankenhaus legen, so daß ein Arzt zur Stelle ist, wenn es ihr schlecht geht.

Susanna und ihre Familie fahren zurück. Sie will zu Hause sofort einen Arzt konsultieren. Das ist nicht mehr notwendig. Mit jedem Kilometer, den sie sich ihrem Haus nähern, fühlt sie sich besser und sicherer. Trotzdem ist das ein Schockerlebnis. Es ist für sie Aufforderung, wieder etwas zu tun.

Sie wechselt den Hausarzt und geht zu einer Ärztin, die sie bereits mehrfach im Wochenendnotdienst betreut hat. Diese schlägt vor, zumindest einen Teil der fachärztlichen Untersuchungen zu wiederholen. Sie argumentiert, daß diese schon ein halbes Jahr zurückliegen. Vielleicht hat es Veränderungen gegeben oder aber die Ärzte haben etwas Wichtiges übersehen.

Die Wartezeiten erscheinen Susanna unüberbrückbar. Ständig hat sie die Befürchtung, die Termine nicht mehr zu erleben. Vor allem den Besuch beim Kardiologen sehnt sie herbei. Sie hat ständig Angst, vorher einen Herzinfarkt zu erleiden.

Zu diesem Zeitpunkt kommt ihr erstmalig der Verdacht, daß ihre Beschwerden psychosomatisch bedingt sein könnten. Die Ärztin meint, daß eine Behandlung in dieser Richtung erst dann möglich ist, wenn alle anderen Ursachen definitiv ausgeschlossen sind.

Nur wenige Tage später sitzt Susanna wieder vor der Ärztin. Diesmal hat sie keine körperlichen Beschwerden, aber definitiv das Gefühl, ihre letzte Stunde habe geschlagen. Susanna bittet um eine Überweisung zum Neurologen. Da es Freitag mittag ist, ist für diesen Tag nichts mehr zu machen. Die

Hausärztin verschreibt ein Beruhigungsmittel und rät Susanna, ins Krankenhaus zu gehen, falls sie es nicht mehr aushalten kann.

Montag besucht Susanna gleich den Psychiater. Wieder ist es ein anderer Arzt, da der andere in Urlaub weilt. Nachdem sie ihre Probleme geschildert hat, erklärt er ihr, sie müsse „einfach" gegen ihre Ängste ankämpfen. Eine Therapie hält er nicht für sinnvoll. Der Psychiater traut ihr zu, mit ihren Problemen alleine fertig zu werden. Sie solle sich einen regelrechten Boxkampf vorstellen, bei dem sie gegen einen imaginären Gegner kämpft und natürlich gewinnt. So würde sie davon abgelenkt, auf ihre körperlichen Symptome zu achten.

Susanna fragt ihn, was er von autogenem Training halte und er trägt sie gleich in seinen nächsten Kurs ein. Im Nachhinein weiß sie, daß ihr das autogene Training nichts gebracht hat. Zwischenzeitlich hat sie es wieder aufgegeben. Wenn es ihr gut geht, wirkt es wie ein Schlafmittel auf sie. Geht es ihr schlecht, verstärken sich die Symptome noch. Darauf angesprochen, meint der Therapeut, daß sie sich dann entweder nicht genug zurücknehmen würde oder wirklich müde und ausgepowert wäre – und einfach mal Urlaub machen solle. Aber genau das ist nicht möglich.

Inzwischen ist nämlich die Mutter von Susanna schwer erkrankt. Bei ihr wird ein metastasierendes Darmkrebsleiden festgestellt. Nach einer Notoperation liegt die Mutter mehrere Tage im künstlichen Koma. Niemand weiß, ob sie ihre Erkrankung überleben wird.

Hinzu kommen Streitigkeiten mit Susannas Stief-vater, in dessen Haus die Familie lebt. Nach einer besonders heftigen Auseinandersetzung hat sie einen Nervenzusammenbruch. Sie heult, schreit, tobt stundenlang und kann auch mit einem intra-venös gespritzten Beruhigungsmittel kaum ruhig gestellt werden.

Hier ist der Punkt erreicht, an dem sich Susanna zu einer Therapie entschließt. Der Arzt, den sie da-raufhin aufsucht, gibt ihr den Rat, damit zu warten, bis sich der Zustand der Mutter stabilisiert hat. Er befürchtet, daß die Therapie ansonsten zu einer weiteren Belastung führt.

Für die Übergangszeit verschreibt er Susanna ein Anti-Depressivum, das besonders bei der Behand-lung von Angststörungen eingesetzt wird. Der Ein-stieg in das Medikament ist furchtbar. Sie leidet unter starker Übelkeit und migräneartigen Kopf-schmerzattacken.

Nach vier Tagen ist es soweit, daß Susanna das Medikament nur noch absetzen will. Der Neurologe bittet sie, es zumindest eine Woche lang zu ver-suchen. Die Nebenwirkungen lassen tatsächlich nach.

In der Zwischenzeit bekommt Susanna neue Pro-bleme. Eine Venenentzündung entwickelt sich und sie hat Angst, daß daraus eine Thrombose entsteht. Die Panikattacken häufen sich, das Anti-Depres-sivum wirkt noch immer nicht und Susanna bekommt tatsächlich die befürchtete Thrombose.

Fast ist sie froh darüber. Jetzt ist sie endlich im Krankenhaus. Es kann nichts mehr passieren.

Dafür befürchtet sie, daß sie ausgelacht wird, weil sie ohne Grund ins Hospital gegangen ist. Zu Hause stapeln sich schon die Einweisungen der Hausärztin, wenn sie sie wieder einmal wegen Herzrhythmusstörungen und psychosomatischer Luftnot konsultiert hatte und das am Wochenende oder nachts.

Manchmal glaubt Susanna heute, daß sie die Thrombose nur bekam, weil sie sich genau davor so fürchtete. Die Ärzte glauben eher, daß es daran lag, weil sie sich zu wenig bewegt hat. Niemand hat ihr gesagt, daß es bei einer Thrombose absolut notwendig ist, sich viel zu bewegen.

Nichtsdestotrotz ist der Krankenhausaufenthalt der Wendepunkt in der Krankengeschichte von Susanna. Kaum von dort entlassen, bemüht sie sich um einen Therapieplatz. Der erste Psychologe, vom ortsansässigen Neurologen empfohlen, stellt nach einer kurzen Befragung eine Telefondiagnose. Ihre Zweifel wischt er vom Tisch und will ihr einen Termin in sechs Wochen geben.

Susanna sucht weiter und findet einen anderen. Dort kann sie nach zwei Wochen hinkommen und Anfang des Jahres mit ihrer Therapie beginnen.

Nach gut fünf Monaten ist sie soweit, daß das Anti-Depressivum abgesetzt werden kann – alles auf ihren Wunsch hin. Selbst der Tod der Mutter verschlimmert ihre Beschwerden nicht. Gerade davor hat sie sich gefürchtet. Schließlich war es die Mutter, die sich in den letzten Monaten besonders intensiv um sie gekümmert hat.

Nun befindet sich Susanna bereits seit zehn Monaten in therapeutischer Behandlung. Nach anfänglich wöchentlichen Terminen sind die Intervalle inzwischen auf eine Sitzung alle vier Wochen gesteigert worden. Für sie ist das ein großer Erfolg. Der Therapeut sieht das anders. Ihm wäre es lieber, wenn Susanna häufiger kommen würde, um öfter mit ihm zu sprechen.

Aber genau das ist ihr Problem. Hat sie es anfänglich als wohltuend empfunden, endlich mit jemandem über ihre Probleme sprechen zu können, der sich in sie hineinversetzen und ihr Mut zusprechen konnte, weiß sie heute oftmals nicht, worüber sie sich mit dem Therapeuten unterhalten soll.

Die wirklich schweren Panikattacken treten so gut wie gar nicht mehr auf. Geblieben ist ein unterschwelliges Angstgefühl, daß sie aber einigermaßen im Griff hat. Sie denkt, daß viele Panikattacken, die sie durchlebt hat, nur dadurch entstanden, daß sie sich in die Panik regelrecht hineingesteigert hat, weil sie nicht wußte, was mit ihr los war.

Nur – die Ursache ihrer Panikattacken ist bis heute unbekannt. War es, wie der Psychologe im Vorwort von „Panik – Chance für einen Neubeginn?" schrieb, das Aufgeben des Berufes und das Zurückziehen ins „Nur-Hausfrauen-Dasein"?

Oder die Angst vor einer erneuten Thrombose, die ja wirklich bei Verschleppung lebensbedrohlich werden kann. Jeder noch so kleine Schmerz im Bein löst nämlich auch Angst aus. Dabei weiß Susanna genau, daß die Schmerzen nicht von den Venen, sondern von Problemen mit der Wirbelsäule ausgelöst werden. Aber immer bleibt die Unsicherheit, was den Schmerz auslöst. Susanna würde am liebsten ständig einen Arzt konsultieren. Auch ein Punkt, gegen den sie ankämpfen muß.

Oder sind es doch Probleme aus der Kindheit beziehungsweise sind Erziehungsmethoden die Ursache? Susannas Therapeut ist der Ansicht, daß die Angst durch eine bestimmte Form der Erziehung ausgelöst werden kann, z. B. wenn man einem Kind ständig sagt: Sei vorsichtig, du tust dir noch weh; sei vorsichtig, du machst dich schmutzig; laß das mal lieber, dazu bist du noch zu klein, das kann ich besser und ähnliches. Und genau das trifft auf Susanna zu.

Dennoch sieht Susanna die Therapie als positiv an. Durch sie und die Gabe entsprechender Medikamente hofft sie, über das schlimmste hinweggekommen zu sein.

Insgesamt ist sie mit ihrer heutigen Situation, was die Panik angeht, zufrieden. Die Attacken treten nur noch ganz selten und in leichter Form auf. Sie hat dann ein pflanzliches Beruhigungsmittel zur Hand, welches zur Entspannung führt.

Ihr Hauptproblem ist nach wie vor die ständig vorhandene Angst sterben zu müssen oder zusammenzubrechen. Immer noch wacht sie morgens auf und muß sich zuerst überzeugen, aufzustehen.

Probleme bereiten ihr weniger die Panikattacken als mehr eine Veränderung ihrer Persönlichkeit. War sie früher ein relativ gelassener Mensch, den so schnell nichts aus der Ruhe bringen konnte, schreit sie heute bei jeder Gelegenheit los (oft auch ungerechtfertigt) oder fängt an zu weinen. Oft kann sie sich dann stundenlang nicht beruhigen. Und Auseinandersetzungen – insbesondere mit dem Vater –

sind mittlerweile fast an der Tagesordnung. Selbst gut gemeinte Ratschläge faßt sie als Kritik auf, obwohl ihr der Verstand sagt, daß man ihr nur helfen will.

In dieser Beziehung ist ihr die Therapie keine große Hilfe. Der Psychologe und sie gehen in der Lebensauffassung überhaupt nicht konform. Er meint, daß sie in Auseinandersetzungen mit dem Vater, diesem nicht nur die Meinung sagen soll (natürlich sachlich). Nein, falls sie seine Äußerungen verletzen sollten, soll sie den Kontakt ganz abbrechen. Das würde aber auch bedeuten, den Vater, der schwer herzkrank ist, nicht mehr zu versorgen. Und das bringt Susanna nicht übers Herz. Sie meint, daß man Probleme nicht immer lösen, sondern auch lernen muß, mit ihnen zu leben. Und das heißt für sie, am eigenen Verhalten zu arbeiten und ruhig und sachlich zu bleiben, auch wenn man sich ungerecht behandelt fühlt und einem das Verhalten des anderen nicht in den Kram paßt.

Auch an vielen anderen Dingen muß sie noch arbeiten, z.B. an ihrer Angst vor körperlicher Überanstrengung. Es fällt Susanna schwer, Sport zu treiben. Zu jeder Radtour im Sommer muß sie sich zwingen und ist froh, wenn sie lebend zu Hause ankommt. Sobald der Puls schneller schlägt und sie anfängt zu schwitzen, ist die Angst wieder da, ob sie sich nicht übernommen hat, der Kreislauf versagen könnte. Jetzt hat sie zunächst angefangen, Gymnastik zu machen. Dabei wird in der Aufwärmphase der Kreislauf gefordert, aber insgesamt empfindet sie es nicht als anstrengend. Vielleicht kann sie darauf aufbauen.

Oder liegt die Ursache für die Panikattacken an ihrem Willen, immer alles alleine zu schaffen und an ihrem Perfektionismus? Viele bange Stunden hätte sie sich am Anfang der Krankheit ersparen können, wenn sie nicht immer gemeint hätte, beispielsweise das Essen müsse immer pünktlich auf dem Tisch kommen. Heute sagt sie sich, daß das kein Problem ist, wenn sie mal einen schlechten Tag hat. Dann gibt es eben etwas aus dem Imbiß.

Auch ist es Susanna sehr unangenehm, immer wieder die Hilfe der Schwiegereltern in Anspruch zu nehmen, sei es zur Betreuung des Kindes oder bei Arztbesuchen. Das liegt auch daran, daß die Umgebung immer weniger verständnisvoll reagiert mit Fragen wie „Kannst du immer noch nicht wieder Auto fahren? Warum denn nicht?". Und jedes Mal, wenn sie jemanden fragt, ob er ihr hilft, muß sie zugeben, daß sie es immer noch nicht kann.

Für Susanna sind noch viele Fragen offen. Mittlerweile beschäftigt sie weniger die Frage nach dem Warum der Krankheit als mehr die, was sie überhaupt dagegen tun kann. Muß sie sich mit Panik abfinden als einer Art chronischer Erkrankung? Wird sie die Krankheit je besiegen und wieder – zumindest ein bißchen – der Mensch werden, der sie früher einmal war?

Tina, 31 Jahre alt

Im Jahr 1968 kommt Tina außerehelich zur Welt. Ihr Vater verläßt die Mutter schon während der Schwangerschaft aus Angst vor seiner eigenen Mutter. In deren Augen handelt es sich um eine nicht-standesgemäße Verbindung (er: Bankkaufmann, sie: Floristin). Außerdem schreckt er vor der Verantwortung für eine eigene Familie zurück.

Kurz nach Tinas Geburt lernt ihre Mutter ihren heutigen Mann kennen. Die beiden heiraten, als Tina ein Jahr alt ist. Dadurch bekommt sie anfänglich einen sehr liebevollen Stiefvater. Dessen Verhalten ändert sich jedoch schlagartig, als das erste gemeinsame Kind zur Welt kommt.

Die Schwangerschaft der Mutter behält Tina in unguter Erinnerung. Diese muß viel liegen. Der Vater ist ständig in Sorge um seine Frau. Tina erinnert sich, daß sie freiwillig kleine Aufgaben im Haushalt übernommen hat, um die Mutter so zu entlassen.

Im Alter von nur einer Woche verstirbt der Bruder, weil er zu früh geboren wurde. Die Mutter, die Tina zuvor als warmherzig in Erinnerung hat, vernachlässigt ihr großes Kind. Tina entwickelt das Gefühl nicht dazuzugehören, lästig zu sein.

Der Vater ist als Feuerwehrmann beschäftigt. Das bedeutet den ständigen Umgang mit der Angst um sein Leben. Das Familienleben von Tina wird auch noch geprägt von der Verdrängung des Themas Tod und Trauer bezüglich des Bruders und Tinas Streben nach Autonomie und Selbständigkeit.

Eine totale Anpassung scheint Tina schon in diesem frühen Stadium der richtige Weg zu sein, Konflikten aus dem Weg zu gehen. Die Mutter zieht sich immer weiter zurück, der Vater ist eher von aufbrausendem Temperament.

Wenn sie lieb ist, ihre eigenen Bedürfnisse und Wünsche zurückstellt und den Eltern zu gefallen versucht, glaubt sie am ehesten deren Aufmerksamkeit zu erringen.

Nach dem Tod des Bruders ist Tina häufiger krank. Kritische Situationen äußern sich bei ihr in Fieberschüben und Bauchschmerzen. Sie erkennt schnell, daß sich dann beide Elternteile um sie kümmern, auf ihre Bedürfnisse eingehen. Dann erhält sie die Aufmerksamkeit, die sie sich so sehr wünscht.

Tina kämpft aber auch mit dem Gefühl, unerwünscht zu sein. Die Idee hat sie nicht von ungefähr. Die Mutter äußert einmal deutlich, daß es sie nicht gäbe, wenn damals schon die Pille existiert hätte.

Die einzigen Menschen, die Tina unterstützen, sind die Großeltern mütterlicherseits. Oftmals zügeln sie Tinas Stiefvater, wenn er wieder einmal zu ungeduldig mit ihr ist.

1974 stirbt die Oma. Tina entwickelt daraufhin erste Ängste. Sie kann plötzlich nicht mehr alleine sein, hat schon Schwierigkeiten, sich nur alleine in einem Raum aufzuhalten. Nur ein Jahr danach stirbt auch der Opa, die letzte Zuflucht für Tina.

Im Jahr 1976 wird ihre Angst erstmals auffällig. Ihre Lehrerin spricht die Eltern darauf an. Die direkte Ursache ist die Aufnahme einer Halbtagstätigkeit durch die Mutter.

Tina sorgt sich, daß auch die Mutter an ihrem Arbeitsplatz Gefahren ausgesetzt sein könnte. Tinas Mutter gibt die Stelle wieder auf. Weitere Bedeutung wird diesem Zwischenfall nicht beigemessen.

1978 bekommt Tina noch einen Bruder. Von jetzt an wird sie endgültig in die Rolle der großen Schwester gedrängt, die zwar Pflichten, aber keine Rechte hat. Sie reagiert mit Phasen von Alpträumen, Angstzuständen und Magenbeschwerden. Um den Eltern jedoch nicht zur Last zu fallen, nicht aufzufallen, verschweigt sie ihre Probleme. Sie will perfekt funktionieren, legt sich selber viele Pflichten auf. Das überfordert sie in ihrem Alter völlig. Die Versorgung ihres Bruders nimmt ihr zusätzlich noch den letzten Rest ihrer Freizeit.

Zum gleichen Zeitpunkt stirbt auch noch Tinas Lieblingslehrerin. An sie konnte sie sich grundsätzlich vertrauensvoll wenden. Zusätzlich erfährt sie auch noch, daß sie nicht die leibliche Tochter ihres Stiefvaters ist. Kinder erklären Tina, daß sie kein richtiger Teil der Familie ist, nicht dazugehört, abhauen soll.

Tina reagiert auf all diese Ereignisse mit heftigen Bauchschmerzen und Angstattacken, die zu einem Krankenhausaufenthalt von drei Wochen führen. Während dieser Zeit fühlt sie sich wohl. Das Personal ist lieb und beschäftigt sich viel mit ihr. Den Eltern wird in diesem Zusammenhang angeraten, eine kinderpsychologische Betreuung in Anspruch zu nehmen. Dem wird jedoch nicht nachgegeben.

Heute bezeichnet Tina ihre Jugend als unerträglich. Weinen und Auflehnen ist verboten. Tina ist für alles zuständig und ewiger Sündenbock. Sie hat das Gefühl, wenn es sie nicht gäbe, ginge es den Eltern besser. So versucht sie, ständig alles wieder gut zu machen, ihre Existenz zu rechtfertigen.

Als sie 14 Jahre alt ist, verstirbt ihr leiblicher Vater. Nachdem sich Tinas Mutter daran erinnert, daß er schon immer Phasen tiefer Niedergeschlagenheit gehabt hat, glaubt Tina diese von ihm geerbt zu haben. Sie befürchtet, daß sein Tod Selbstmord gewesen sein könnte.

Tina versucht daraufhin, den Kontakt zu ihrer Großmutter väterlicherseits aufzunehmen, um die Todesursache zu erfahren. Außerdem erhofft sie sich Aufschluß darüber, ob sie von ihrem Vater wohl Wesenszüge wie Nachdenklichkeit, Ernst und Rücksicht geerbt hat, die sonst nirgendwo in der Familie auftreten.

Kontaktversuche mit der Großmutter scheitern jedoch. Sie verweigert jegliche Auskünfte zur Todesart ihres Sohnes und blockiert sämtliche weitere Auskünfte.

Vom 16. Lebensjahr an leidet Tina ständig an psychischen Problemen. Zu den ausgeprägten Angstzuständen gesellen sich Phasen, in denen sie übermäßig Nahrung zu sich nimmt. Früher sehr schlank, kämpft sie nun mit einer ausgeprägten Adipositas, die wiederum zu Minderwertigkeitsgefühlen und sozialen Ängsten führt.

Nach der Fachoberschulreife beginnt sie eine Ausbildung zur Hotelfachfrau. Dort wird sie physisch und psychisch mißhandelt. Diesen Umstand läßt sie nur eine Woche zu und gibt dann auf. Sie hat Angst, daß auch das wieder von den Eltern als Versagen gewertet wird und erklärt ihre Gründe für den Abbruch nicht.

Danach macht Tina eine Lehre zur Hauswirtschafterin und ist zuletzt in der ambulanten Krankenpflege tätig. Leider ist diese Stelle befristet und sie wird arbeitslos. Weil sie nichts neues findet, wertet sie es wiederum als Versagen.

Im Alter von 19 Jahren verläßt Tina das Elternhaus. Erstmalig verschwinden ihre Beschwerden. Ein Jahr später zieht sie mit ihrem heutigen Ehemann zusammen. Der wird von den Eltern zunächst vehement abgelehnt wird, da sein Vater Alkoholiker ist.

Ihr jedoch bekommt die Beziehung gut und sie ist bis zum Verlust des Arbeitsplatzes nahezu beschwerdefrei. Das ändert sich, als sie fortan ihre Tage zu Hause verbringen muß. Von der Familie wird die Forderung an sie herangetragen, wieder berufstätig zu werden oder aber ein Kind zu bekommen.

Obwohl Tina und ihr Mann beides nicht wollen, weil die Bekämpfung der Krankheit vorgeht, fühlt sie sich wieder unter Druck gesetzt. In den Augen der Familie ist eine Frau, die nicht arbeitet, totes Kapital, nichts wert.

Mit ihrem Mann versteht sich Tina gut. Sie kann mit ihm streiten, ohne Angst zu haben, verlassen zu werden. Er hilft ihr mit der Angst besser klarzukommen.

Lange Zeit kann Tina keiner Berufstätigkeit nachgehen, ihren Haushalt nur zum Teil versorgen. Deshalb macht sie sich zu diesem Zeitpunkt die größten Vorwürfe. Sie hält sich ihre eigenen perfektionistischen Forderungen vor, zählt ihr Versagen auf, gibt sich an allen Mißerfolgen die persönliche Schuld.

Tina sieht zwar die Unerfüllbarkeit ihrer Selbstanforderungen, schafft es aber dennoch lange Zeit nicht, davon abzurücken, sich normale Ziele zu setzen. Ihre Erfahrungen mit ihrer Erkrankung sind teilweise ambivalent. Einerseits stellen die Ängste und Phasen der Hoffnungslosigkeit eine extreme Einschränkung der Lebensqualität dar. Andererseits bescheren sie ihr die rührende Sorge der Eltern, die sie mit der Frage "warum nicht früher" beantwortet. Sie wünscht sich ihre Eltern anders. So hat sie durch die Angstperioden zumindest auf Zeit die Möglichkeit, das Verhalten der Eltern in die gewünschte Richtung von Wärme, Zuneigung und Rücksicht zu steuern.

Gleichzeitig ist die Krankheit auch legitime Entschuldigung dafür, daß Tina nicht arbeitet. Auf der anderen Seite ist Tina aber wütend, weil sie so nicht perfekt funktioniert.

Ihr heutiges Verhältnis zu den Eltern ist sehr distanziert. Sie meint, daß ihre Mutter ihr bis heute nicht mit Liebe entgegentritt. Dennoch kann Tina heute besser mit diesem Umstand umgehen, obwohl sie häufig mit dem Schicksal hadert.

Das Verhältnis zum Stiefvater ist völlig negativ. Er lehnt sie ab, hat kein Verständnis für ihre Problematik. Tina versucht heute, sich weniger an den Anforderungen der Eltern zu orientieren und statt dessen ihre eigenen Wünsche und Bedürfnisse ernst zu nehmen.

Die angstfreien Phasen die Tina erlebt, werden immer länger. Heute kann sie auch besser alleine sein, ohne sogleich Angstsymptome zu entwickeln. Muster wie Langeweile, Unterforderung, Schreien nach Aufmerksamkeit, Verhinderung von notwendigen Konflikten sind weitgehend bewältigt.

Tina lebt heute bewußter. Sie denkt in erste Linie an sich selbst. Belastung und Entlastung werden weitgehend in die Waage gebracht. Sie hat im Laufe der letzten Zeit gelernt, daß die Menschen (besonders ihre Familie) eben so sind, wie sie sind. Sie versucht nicht mehr, sie zu ändern, weil dies eh nicht gelingt. Sie hat gelernt „die Tür zu schließen" und dann abzuschalten, vor allem zu entspannen, was lange nicht möglich war.

Ihre Aufgabe als Kontaktperson einer Selbsthilfegruppe nimmt sie sehr ernst. Sie hilft anderen, die dieselbe Problematik aufweisen und tut so gleichzeitig etwas für sich selbst.

Tina setzt sich realistische Ziele, wartet nicht mehr bis etwas von alleine geschieht. Heute kann sie Kritik viel besser verarbeiten. Dinge, die früher Angst verursachten, begegnet sie heute mit sehr viel mehr Gelassenheit und teilweise mit viel Humor.

Themen wie Unterforderung, Unentschiedenheit und Konflikte geht sie heute lockerer an und räumt sie somit zumeist aus. Und vor allem kann man auch mal „alle Fünfe gerade sein lassen" ohne in Panik zu geraten. Man läßt die Dinge einfach auf sich zukommen!

Das Umfeld (Familie, Freunde usw.) hat die Veränderungen bemerkt und reagiert sehr unterschiedlich darauf. Einige finden es toll, andere sind skeptisch, ob es so bleibt. Wieder andere, besonders die Eltern, reagieren distanziert, weil sie eigentlich das brave, hilfsbereite Mädchen von früher vermissen. Das ist plötzlich eine starke Frau, die ohne sie prima zurechtkommt und das sagt, was sie gerade denkt. Und das ist nicht immer das Netteste.

Tja, die Menschen haben halt „Angst" vor Veränderungen. Welche Ironie!!

Tinas Leben hat wieder Struktur bekommen. Sie sieht die Krankheit heute als Weg ihr Leben geändert zu haben, teilweise sogar als echten Glücksfall, wie schwer es auch war.

Gefühle wie Betroffenheit, Ärger, Aggression oder Trauer werden heute nicht mehr mit dem Symptom „Angst" beantwortet. Es wird nicht mehr ständig nach dem Wieso und Warum gefragt. Sie vertraut heute wieder mehr ihrem Gefühl.

Tina hat alte, längst überfällige Beziehungen abgebrochen und neue geknüpft. Sie benutzt nicht mehr die Angst um ungleiche Beziehungen auszugleichen. Widersprüchlichkeiten sind in ihrem Umfeld eben Normalität.

Heute ist Tina auf der Suche nach einer Arbeitsstelle, ohne dabei Angstsymptome zu entwickeln. Sie läßt diese Sache langsam auf sich zukommen, hat schon Vorstellungen was sie ungefähr machen möchte. Erste Kontakte in dieser Richtung sind bereits geknüpft.

Nachdem Tina lange Zeit ein Anti-Depressivum zur Unterstützung und zur Stabilisierung genommen hat, konnte sie dieses inzwischen absetzen. Ihr Stoffwechsel hat sich durch das langsame

Ausschleichen der Medikation erholt. Heute benötigt sie keine Tabletten mehr.

Interview

Thema: Wie kann man Angstzustände überwinden? - Das Interview mit der Psychotherapeutin Dr. Doris Wolf

Frau Dr. Wolf ist u.a. Autorin des Buches „Ängste verstehen und überwinden - Gezielte Strategien für ein Leben ohne Angst". Das Buch ist erschienen im PAL-Verlag, Mannheim unter der ISBN 3 -923614-32-2.

Frau Dr. Wolf über sich selbst

Ich wurde 1954 in Mannheim geboren. Die Auseinandersetzung mit dem Tod meines Vaters, der starb, als ich zehn Jahre alt war, sowie mein schon damals ausgeprägtes soziales Engagement und Interesse an anderen Menschen, führte mich zum Studium der Psychologie an der Universität Mannheim.
Bereits während meines Studiums spezialisierte ich mich auf meine spätere klinisch-therapeutische Arbeit. Nach Abschluß des Studiums arbeitete ich am Zentralinstitut für seelische Gesundheit in Mannheim sowie im Rehabilitationszentrum für körperlich behinderte Menschen in Neckargemünd. Während dieser Zeit schloß ich mehrere therapeutische Zusatzausbildungen in einer Reihe anerkannter Therapieverfahren wie der Verhaltens-

therapie, der Gesprächspsychotherapie und der Rational-Emotiven Therapie ab.

1981 vervollständigte ich meine therapeutische Qualifikation in einem halbjährigen Studienaufenthalt an der Universität Kentucky, USA. Aus den USA zurückgekehrt eröffnete ich meine psychotherapeutische Praxis in Mannheim. 1988 promovierte ich an der Universität Heidelberg mit dem Thema <Bibliotherapie in der Psychotherapie>.

Als mir bewußt wurde, wie viele Menschen unter psychischen Problemen leiden, suchte ich nach Möglichkeiten, mein Wissen einem größeren Kreis interessierter Menschen zugänglich zu machen. Dies war die Geburtsstunde meiner Autorentätigkeit. In einer Reihe von psychologischen Ratgebern gebe ich seither in wissenschaftlich fundierter, aber leicht verständlicher Form diejenigen Hilfestellungen an Betroffene weiter, die sich Tag für Tag in meiner Praxis bewähren.

Ein zentrales Thema, das sich wie ein roter Faden durch meine Arbeit und meine Bücher zieht, ist die 2000 Jahre alte Erkenntnis von Epiktet: „Es sind nicht die Dinge, die uns beunruhigen, sondern unsere Sicht der Dinge", d.h. jeder Mensch kann sein Leben ändern, wenn er seine Einstellungen ändert. Menschen auf diesem Weg zu begleiten erfüllt mich mit großer Freude und Zufriedenheit.

Angstzustände, Panikattacken und Phobien galten, bedingt durch ein erhöhtes Medieninteresse, als *die* psychische Erkrankung in den 90er Jahren. Wann und aus welchem Grund

**haben Sie persönlich angefangen, sich beson-
ders dieser Klientel zu widmen?**

Im Grunde genommen war die Behandlung von
Ängsten schon immer ein Schwerpunkt meiner
Therapie. Vielfältige Ursachen stehen wohl dahin-
ter. Zum einen war meine Mutter ein Mensch, der
bedingt durch eine sehr schwierige Lebenssituation,
sehr leicht aus dem Gleichgewicht zu bringen war.
Ich war demzufolge immer auf der Suche nach
Möglichkeiten, ihr zu helfen. Zum anderen habe ich
mich auf verhaltenstherapeutische Therapieverfahren spezialisiert, die bei der Behandlung von
Ängsten sehr erfolgreich sind.

**Welche unterschiedlichen Formen von Ängsten
gibt es?**

Die häufigsten Störungen sind:

- die Panikstörung, die u.a. durch folgende Merkmale gekennzeichnet ist:
  - sie kommt plötzlich und unerwartet
  - es treten körperliche Symptome auf wie Herz-
    klopfen, Brustschmerz, Ersticken, Schwindel
  - psychische Symptome sind: Furcht zu sterben,
    die Kontrolle zu verlieren, einen Herzanfall zu
    bekommen

- die *generalisierte Angststörung*, die u.a. durch
  folgende Merkmale gekennzeichnet ist:
  - *monatelang andauernde Ängste und Befürch-
    tungen*

- *körperliche Unruhe, Schlafstörungen, Unfähigkeit, zu entspannen*
- *körperliche Symptome wie Schwitzen, Herzrasen, Magenbeschwerden, Übelkeit, Erstickungsanfälle,* Schwindel

- die *Platzangst* (Agoraphobie), die u.a. durch folgende Merkmale gekennzeichnet ist:
- unbegründete starke Angst vor Plätzen, Menschenansammlungen, Verkehrsmitteln, Angst, Schlange zu stehen, Angst, zusammenzubrechen. Generell vor Orten, wo ein Entkommen schwierig ist
- körperliche Symptome
- Meidung

- die *soziale Phobie*, die u.a. durch folgende Merkmale gekennzeichnet ist:
- Angst im Umgang mit anderen Menschen
- körperliche Symptome
- Meidung

- die *spezifische Phobie*
- *unangemessen starke Angst vor bestimmten Dingen oder Örtlichkeiten, z.B. Spinnen, Flugangst, Höhenangst*
- *körperliche Symptome*
- *Meidung*

Daneben gibt es Angststörungen, die in Verbindung mit anderen psychischen Störungen wie Depressionen, Suchtmittelabhängigkeit, Psychosen und Störungen des zentralen Nervensystems auftreten.

Eine genaue Abklärung der Ängste ist notwendig, weil davon auch die Art der Therapie abhängt, ob Psychotherapie, medikamentöse Behandlung oder eine Kombination aus Psychotherapie und Medikamenten eingesetzt wird.

Angst an sich ist ein Gefühl, das uns davon abhält, uns unnötig in Gefahr zu begeben, Situationen richtig einzuschätzen und uns entsprechend vorsichtig zu verhalten. Ab welchem Punkt ist Angst krankhaft und sprengt diesen Rahmen?

Ängste sind krankhaft
- wenn sie unangemessen intensiv und zu häufig auftreten
- wenn sie zu lange anhalten
- wenn sie belasten und starkes Leiden verursachen
- wenn sie zur Vermeidung wichtiger Aktivitäten führen
- wenn sie wesentliche Einschränkungen im Leben verursachen

In welchen Symptomen zeigt sich diese übersteigerte Angst?

Die Angst äußert sich in ganz unterschiedlichen Bereichen:
- im *Körper*
Wir haben Beklemmungen, Ohnmachtgefühle, Schwindel, Verschwimmen vor den Augen, Zittern der Knie, Schwächegefühle, Atemnot, das Gefühl,

nicht richtig da zu sein, Herzrasen oder Stolpern. Wir atmen hektisch und kurz oder zu tief, hyperventilieren. Unsere Muskeln verspannen sich. Uns verschlägt es den Appetit oder wir fangen an, übermäßig zu essen. Wir verspüren den Drang, Darm und Blase zu entleeren. Wir schwitzen oder bekommen kalte Hände und Füße, leiden unter Schlafstörungen und Erröten.

- im *Verhalten*

Wir flüchten oder meiden Situationen. Oder wir verfallen in eine Art Todstellreaktion, erstarren für den Augenblick. Wir entwickeln ein Suchtverhalten, nehmen Beruhigungstabletten, trinken exzessiv Alkohol, rauchen oder essen übermäßig.

- in *Gedanken*

Die Gedanken kreisen um die Gefahr. Wir konzentrieren uns auf unseren Körper, reden uns ein, daß wir jeden Augenblick ohnmächtig werden, verrückt werden oder einen Herzinfarkt bekommen. Wir glauben, an einem Hirntumor zu leiden. Wir können uns nicht mehr auf den Alltag konzentrieren, entwickeln Merkfähigkeitsstörungen.

Aus welchen Gründen kommt es, Ihrer Erfahrung nach, dazu, daß Menschen Angstzustände, Panikattacken und/oder Phobien entwickeln? Ist diese Angst angeboren und bricht zu einem bestimmten Zeitpunkt aus? Gibt es von Natur aus Menschen, die ängstlicher sind als andere? Oder sind es erlernte Reaktionsweisen, beispielsweise nach einem traumatischen

Erlebnis, die zum Auftreten führen? Manche Menschen reagieren eher mit Angst als andere. Was macht uns bereit, mit Angst zu reagieren?

Wissenschaftliche Untersuchungen deuten daraufhin, daß manche Menschen von Geburt an eine erhöhte generelle Bereitschaft haben, mit Angst zu reagieren. Sie benötigen weniger Streß, um körperliche Veränderungen zu erleben. Sie lernen Gegenmaßnahmen für angstauslösende Situationen langsamer und gewöhnen sich langsamer an neue und veränderte Situationen.

- Angstreaktionen sind jedoch auch *erlernt*.

Die folgenden Einflußfaktoren können dazu führen, daß unsere Bereitschaft, mit Ängsten zu reagieren, sich erhöht.

1. Erziehung

Ein ängstlich-überbehütender, aggressiv-abwertender oder Perfektion erwartender-kritisierender Erziehungsstil eines oder beider Elternteile verhindert, daß wir lernen, uns zu vertrauen und Selbstsicherheit entwickeln. Wir lernen auch nicht, wie man mit Ängsten umgeht und sie überwindet. Als Erwachsene neigen wir dann dazu, unsere Fähigkeiten, mit Situationen und unseren Gefühlen klarzukommen, zu unterschätzen. Wir sehen in Fehlern eine Bedrohung unserer Person.
Auch ängstliche Eltern können uns als Vorbilder dienen, ähnliche Persönlichkeitszüge zu entwickeln.

110

2. Eigenschaften, Verhaltensweisen, die *aus der Norm* fallen oder von der Umgebung abweichen

Weisen wir als Kinder oder unsere Eltern Eigenschaften oder Verhaltensweisen auf, die von der Norm abweichen (z.B. Dialekt, Alkoholabhängigkeit, bestimmte Volksgruppe, Religion oder Schicht), dann werden wir möglicherweise von unserer Umwelt abgelehnt und/oder lehnen uns selbst ab. Wir entwickeln beispielsweise soziale Ängste.

3. *Trauma*

Ein einziges Erlebnis, das wir als sehr gefährlich bewerten, kann genügen, daß wir von diesem Tag an ähnlichen Situationen aus dem Weg gehen oder sie nur mit massiven Angstbeschwerden angehen können. (z.B. ein Unfall, Vergewaltigung, Brand).

4. *Überlastung, Überforderung, Streß*

Wenn wir uns in einer Krise befinden, uns überfordert fühlen, unsere Situation als ausweglos sehen, dann sind wir "verwundbarer und verletzlicher". Wir sind nervös und gereizt. Wir entwickeln beispielsweise eine generalisierte Angststörung oder Panikstörung.

5. *Persönlichkeit*

Wir haben folgende Denk- und Verhaltensgewohnheiten:

1. Wir machen uns abhängig von der Meinung anderer, sorgen uns stark darum, wie wir ankommen.
2. Wir verlangen von uns Fehlerlosigkeit, überfordern uns dadurch und verachten uns, wenn wir Fehler machen.
3. Wir sehen uns als dumm, unfähig, unattraktiv, minderwertig .... und lehnen uns ab.
4. Wir fordern von uns, stets ruhig und beherrscht aufzutreten, wollen alles unter Kontrolle haben und am liebsten im voraus wissen, was auf uns zukommt.

- *sonstige Ursachen*
Einige Angstanfälle scheinen ohne vorheriges Lernen aufzutreten. Plötzlich, meist in einer *Phase großer Anspannung*, erfaßt den Betreffenden eine große Angst. Er verknüpft dann diesen Angstanfall mit bestimmten Merkmalen der Situation, in der er auftrat, und meidet diese Situation. Dadurch bleibt die Angst bestehen. (z.B. Trennungsphase, Überarbeitung, große Eheprobleme, Konflikte am Arbeitsplatz, Pflege oder Tod eines Angehörigen)

- *körperliche Erkrankungen*
wie z.B. eine Schilddrüsenfehlfunktion, ein Mangel an Vitamin B1, eine Lebererkrankung, Störung im Kalziumhaushalt, Virusinfektion, können Angstzustände auslösen. Ebenso kann ein niedriger Blutzuckerspiegel einen Schwindel- und Schwächeanfall auslösen. Auch Entzugserscheinungen von Alkohol oder Beruhigungsmitteln können Angstreaktionen auslösen.

Müssen wir die Ursachen unserer Ängste kennen, um sie zu überwinden?

Nein, das ist nicht notwendig. Auch wenn wir wissen, daß es Gründe in unserer Kindheit gibt, müssen wir heute an unseren Ängsten arbeiten.

In der Therapie verfahre ich meist zweigleisig. Ich vermittle die Strategien, wie man mit seinen Ängsten umgehen kann. Und wir schauen gemeinsam nach, weshalb diese Form der Angst jetzt im Leben auftaucht. Wir suchen nach Ursachen und Auslösern.

Hat ein Betroffener einmal eine Panikattacke erlitten, vielleicht an einem Ort, an dem sich viele Menschen befinden, verfällt er in eine Art Vermeidungsverhalten, in der Hoffnung, daß sich dieser unangenehme Zustand, den er als lebensbedrohend empfindet, nicht mehr wiederholt. In Ihrem Buch „Ängste verstehen und überwinden" benutzen Sie den Begriff des Saboteurs, einer Art innerer Stimme, die den Betreffenden immer wieder negativ beeinflußt, ihm Gefahr suggeriert, wo überhaupt keine vorhanden ist. Wie kann es dem Klienten gelingen, diesen Saboteur „umzupolen", so daß er nicht mehr schädlich wirkt, sondern im Gegenteil unterstützend eingreift, die Situation zu bewältigen?

Menschen, die eine Panikattacke erlebt haben, haben das Vertrauen in ihren Körper verloren. Sie entwickeln eine Theorie, welche Situationen für sie gefährlich werden könnten, und meiden diese Situationen. Diese negative innere Einstellung, oder anders ausgedrückt der Saboteur sagt: "Bestimmt wirst du in dieser Situation wieder einen Panikanfall erleben. Du wirst ohnmächtig werden oder ausrasten. Das kannst du nicht ertragen. Du bist absolut hilflos". Betroffene neigen dazu, die Gefährlichkeit von Situationen und von ihren körperlichen Reaktionen überzubewerten.

Um aus diesem Kreislauf auszubrechen, muß der Betroffene lernen, seine Bewertungen zu hinterfragen und seine Meidung aufzugeben. Beispielsweise folgende Strategien haben sich bewährt.

- Angst entsteht durch die Bewertung einer Situation als gefährlich, schlimm, unerträglich, katastrophal.... Indem wir unsere negative Bewertung durch *STOP* unterbrechen und durch eine *hilfreiche der Situation angemessene Bewertung* ersetzen, korrigieren wir die Ursache unserer Ängste.

- Anstatt sich zu fragen, was Schlimmes passieren könnte, können wir uns *fragen*: Was kann ich anbieten? Was kann ich in der Situation gewinnen? Was kann ich tun, damit es mir gut geht?

- Die Erwartungsangst rufen wir hervor, indem wir uns im Geiste die zukünftige Situation als Katastrophe ausmalen. Um die Erwartungsangst abzubauen, müssen wir unseren Katastrophenfilm durch *STOP* unterbrechen und durch eine *positive Vorstellung* ersetzen.

- Angst geht einher mit einer Beschleunigung des Atemrhythmus. Indem wir die *Bauchatmung* oder *Spontan-Entspannungstechnik* einsetzen, bauen wir die Anspannung ab.

- Angst geht einher mit einer Muskelanspannung. Die *Progressive Muskelentspannung* hilft uns dabei, wieder locker und gelöst zu werden.

- Angst geht einher mit einer Veränderung der *Körpersprache*. Indem wir eine selbstsichere Körpersprache einsetzen, bauen wir die Angst ab.

- Wenn man etwas mit Angst tut, wird die Angst abnehmen.

Wieviel Macht haben unsere Vorstellungen über uns, unser Verhalten, unsere Vorgehensweisen?

Unsere Vorstellungskraft ist sehr einflußreich - sowohl im positiven wie im negativen. Wenn wir uns etwas Schönes ausmalen, werden wir uns gut fühlen. Malen wir uns Negatives aus, geht es uns schlecht. Besonders im Bezug auf die Ängste haben unsere Vorstellungen einen gewaltigen Einfluß.
Unser Gehirn kann nicht unterscheiden, ob wir uns etwas nur ausmalen oder tatsächlich erleben. Lassen wir in unserem Kopf einen Katastrophenfilm

ablaufen, indem wir uns ganz lebendig ausmalen, was uns wieder Schlimmes passieren könnte, dann wird unser Körper sein Alarmprogramm Angst laufen lassen. Wir empfinden dann schon lange vor der Situation, bereits zu Hause, wenn wir ruhig im Sessel sitzen unsere Angstgefühle. Wir üben sozusagen, mit Angst zu reagieren.

Um aus diesem Kreislauf heraus zu gelangen, müssen wir unsere Phantasien verändern. Wir können genau so gut üben, die Situation ruhig zu bewältigen.

Viele Betroffene werden ungeduldig, wenn sie nicht sofort den Erfolg einer Behandlung spüren, Fortschritte an sich, ihrem Verhalten entdecken. Wieviel Geduld muß der Einzelne aufbringen, bis sich seine Handlungsweise, seine Gedanken, die sich wohlmöglich über Jahre eingeprägt haben, sichtbar ändern und er eine andere Einstellung zu seiner persönlichen Panikproblematik entwickelt?

Im Grunde genommen kann man keine genauen Zeitangaben machen. Die Fortschritte sind von vielen unterschiedlichen Faktoren abhängig, wie z.B. wie lange die Angststörung schon besteht, auf wie viele Situationen sie sich bezieht, wie viele Situationen gemieden werden, wie häufig man übt, wie das Umfeld reagiert, welche Grundeinstellung man zum Leben hat, wie viele negativen Konsequenzen die Angst für den Betroffenen hat usw.

Was man sagen kann ist: Der Weg aus der Angst verläuft bei niemandem gradlinig. Es wird Tage geben, wo man sich nicht oder nur schwer zum Training motivieren kann. Es wird Rückschläge geben. Es ist dann wichtig, sich daran zu erinnern, daß jedes Mal zählt, an dem man sich in eine Situation begibt, die man bisher gemieden hat, und darin bleibt, bis man sich entspannt fühlt. Die Überwindung der Angst ist vergleichbar mit dem Graben eines neuen Canyons. Man muß so lange graben, bis der neue Graben (die neue Gewohnheit) tiefer ist wie der alte Canyon, so daß das Wasser automatisch in den neuen Graben fließt.

Wenn man beginnt, an seiner Angst zu arbeiten, ist es ganz wichtig, auch genau zu erkennen, wann man Fortschritte macht. Fortschritt heißt nicht: überhaupt keine Angst mehr zu haben.

An folgenden Anzeichen erkennt man den Fortschritt:

1. Man erkennt, warum man in einer bestimmten Situation Angst haben mußte.
2. Die Angst läßt schneller nach.
3. Die Angst ist weniger stark.
4. Die Angst tritt nicht mehr so häufig auf.
5. Man kommt sich vor, als ob man sich belügt. Der Kopf sagt: Du kannst in die Situation gehen, da ist keine Gefahr. Der Bauch sagt: Alarm, Gefahr, nichts wie weg.

Wenn es einen Rückschlag gibt, sollte man die Angstattacke kommen lassen. Man sollte sie als Signal einer alten Gewohnheit akzeptieren. Folgende Reaktion hat sich bei meinen Klienten bewährt:

- durch eine Muskelentspannung oder Atemübung entspannen
- in der Situation bleiben.
- zu sich sagen: Mein Körper reagiert normal, so
  wie ich es ihm angewöhnt habe. Seine Reaktion
  wird vorübergehen, wenn ich mich auf den
  Atem konzentriere und Entwarnung gebe. Ich
  werde es aushalten können. Die körperliche
  Reaktion ist in keiner Weise gefährlich oder
  schädlich - nur unangenehm. Es wird nichts
  Schlimmes passieren. Sie wird vorübergehen.
- Selbstabwertungen vermeiden wie: "Du solltest
  keine Angst mehr haben" und
- sich nicht selbst unter Druck setzen. Wenn man
  weiß, wie man seine Angst erzeugt, heißt das
  noch lange nicht, daß die Angst nicht mehr
  auftauchen wird.

**Was halten Sie persönlich für den wichtigsten
Punkt in der Behandlung eines Angstpatienten?**

Einer der wichtigsten Punkte der Therapie ist es für
Betroffene, zu erkennen, daß sie ihre Angst selbst
erzeugen. Wenn sie erkennen, wie sie dies
machen, sind sie nicht mehr Opfer der Angst.
Der schwierigste Punkt in der Therapie ist meiner
Meinung nach der, an der der Betroffene *trotz*
seiner körperlichen Symptome in die Situationen
gehen muß, die er bisher gemieden hat. Er muß
zunächst mit seinen Symptomen in die Situationen
gehen, die Symptome quasi ignorieren. Er muß
zulassen, daß die Symptome auftauchen und

seinem Körper das Vertrauen schenken, daß alles in Ordnung ist und er gesund ist - daß die Symptome nur die Auswirkungen falscher Bewertungen der Situation und seiner Katastrophenphantasien sind.

Welche Vorgehensweise in der Therapie halten Sie persönlich für die sinnvollste auf dem Weg in ein Leben ohne Panik?

Auf dem Weg aus der Panik muß man mehrgleisig fahren. Eine Therapie muß Körper und Psyche miteinbeziehen. Jeder muß jedoch für sich ausprobieren, welche Strategien für ihn persönlich die effektivsten sind. Manchen genügen Atemübung und Muskelentspannung, bei anderen greifen Vorstellungsübungen am besten. Andere wiederum finden hilfreiche Selbstinstruktionen am effektivsten.

Außer den Angstanfällen, die das Leben eines Betroffenen schon ausreichend stark beeinflussen, kommt es, manchmal schon nach nur einem einzigen Anfall, zur Angst vor der Angst. Wie stark kann sie das Leben des Klienten prägen?

Die Angst vor der Angst kann Betroffene im schlimmsten Falle so weit lähmen, daß sie nicht mehr aus dem Haus gehen, Beruf und Partner verlieren, eine Sucht entwickeln oder an Selbstmord denken

Wie wichtig ist das eigene Selbstwertgefühl, die innere Einstellung zu sich und seinen Fähigkeiten auf dem Weg in ein neues Leben?

Das eigene Selbstwertgefühl ist die Basis für den Weg aus der Angst. Betroffene dürfen ihre Qualitäten und Erfolge im bisherigen Leben nicht aus den Augen verlieren. Oftmals beschreiben sie sich nur noch als Mensch mit Angst. Sie sollten sich ebenfalls immer wieder in Erinnerung rufen, daß ihre Angst Auftragsarbeit ist. Sie erzeugen ihre Angst durch ihre Gedanken und Phantasien. Dies bedeutet Verantwortung für diese. Sie haben aber gleichzeitig damit auch den Schlüssel zur Überwindung ihrer Ängste in der Hand.

Wie sinnvoll sind Medikamente in der Behandlung einer Angststörung?

Dies ist natürlich abhängig von der Art der Angststörung. Ich persönlich halte nicht viel vom Einsatz von Medikamenten. Medikamente haben Nebenwirkungen und es besteht sowohl die Gefahr einer körperlichen als auch einer psychischen Abhängigkeit. Wenn Medikamente gegeben werden, dann sollte dies nur für eine sehr kurze Zeit sein. Auf jeden Fall muß parallel dazu eine Psychotherapie laufen.

Wer mit Medikamenten seine Meidung aufgibt, hat immer noch den Lernschritt vor sich, es ohne Medikamente zu tun. Viele entwickeln durch den Einsatz von Medikamenten nur die Überzeugung: "Nur mit Medikamenten kann ich in der Situation bestehen".

Das finde ich sehr schade, denn sie nehmen sich die Chance zu erleben, daß sie die Kraft haben, ohne Tabletten in die Situation zu gehen.

Welche Gefahren birgt eine solche Therapie?

Tabletten setzen nicht an den Ursachen der Ängste an, sondern schwächen nur die Symptome ab.

Zum Schluß noch eine weitere Frage: Gibt es irgend etwas, das ihren Klienten oder den Lesern ihrer Bücher besonders weitergeholfen hat, so daß Sie es den Lesern dieses Interviews weitergeben möchten?

Dies ist schwer zu beantworten. Abhängig von der eigenen Lebensgeschichte erleben Betroffene, wie bereits gesagt, unterschiedliche Strategien als hilfreich. Was ich immer wieder von meinen Klienten und Lesern höre, ist daß es sehr wohltuend ist, sich mit anderen Betroffenen auszutauschen. Deshalb halte ich Ihre Homepage auch für eine großartige Einrichtung.
Betroffene können erkennen, daß sie nicht alleine stehen. Sie müssen sich nicht mehr für "verrückt" und "unheilbar" halten. Sie können endlich über ihre Ängste sprechen und sich verstanden fühlen. Sie können von den Erfahrungen anderer profitieren und sich gegenseitig Mut machen. Eine Selbsthilfegruppe vor Ort ist eine vergleichbare Alternative.

Frau Dr. Wolf, danke für das Interview.

Dr. Doris Wolf, Dipl.-Psych.
Am Oberen Luisenpark 33
68165 Mannheim